# PAGI ET VICAIRIES

## DU LIMOUSIN

### AUX IX<sup>e</sup>, X<sup>e</sup> ET XI<sup>e</sup> SIÈCLES

PAR

## M. DELOCHE

EXTRAITS DES MÉMOIRES
DE L'ACADÉMIE DES INSCRIPTIONS ET BELLES-LETTRES
TOME XXXVI, 2<sup>e</sup> PARTIE

# PARIS

## IMPRIMERIE NATIONALE

LIBRAIRIE C. KLINCKSIECK, RUE DE LILLE, 11.

M DCCC XCIX

AMÉLINEAU (É.). Notice des manuscrits coptes de la Bibli[othèque]
textes bilingues du Nouveau Testament, avec six planches (...

BABIN (C.). Rapport sur les fouilles de M. Schliemann à H[issarlik]
(1892) . . . . . . . . . . . . . . . . . . . . . . . . . . . . . . .

BARTHÉLEMY (A. DE). Note sur l'origine de la monnaie tournois (...

BERGER (S.). Notice sur quelques textes latins inédits de l'Anci[en]

— Un ancien texte latin des Actes des Apôtres, retrouvé dans un m[anuscrit]
(1895) . . . . . . . . . . . . . . . . . . . . . . . . . . . . . . .

CUQ (Ed.). Le colonat partiaire dans l'Afrique romaine, d'après l[es]
(1897) . . . . . . . . . . . . . . . . . . . . . . . . . . . . . . .

DELISLE (L.). Notice sur un psautier latin-français du XIIe siè[cle]
velles acquisitions de la Bibliothèque nationale), avec fac-sim[ilé]

— Anciennes traductions françaises du traité de Pétrarque sur l[a]
fortune (1891) . . . . . . . . . . . . . . . . . . . . . . . . . .

— Notice sur la chronique d'un anonyme de Béthune du temps de Phi[lippe]

— Fragments inédits de l'histoire de Louis XI par Thomas Basin, b[i]-
tingue, avec trois planches (1893) . . . . . . . . . . . . . . .

— Notice sur les manuscrits originaux d'Adémar de Chabannes, avec un p[...]

— Notice sur la chronique d'un dominicain de Parme, avec fac-similé (...

— Notice sur un livre annoté par Pétrarque (ms. latin 2201 de l[a Bibliothèque]
deux planches (1896) . . . . . . . . . . . . . . . . . . . . . .

— Notice sur les Sept psaumes allégorisés de Christine de Pisan (1896)

— Notice sur un manuscrit de l'église de Lyon du temps de Charle[magne]
(1898) . . . . . . . . . . . . . . . . . . . . . . . . . . . . . . .

DELOCHE (M.). Saint-Remy de Provence au moyen âge, avec deux cartes

— De la signification des mots *pax* et *honor* sur les monnaies béarn[aises]
jetons de souverains du Béarn (1893) . . . . . . . . . . . . . .

— Le port des anneaux dans l'antiquité et dans les premiers siècles du m[oyen âge]

— Des indices de l'occupation par les Ligures de la région qui fut plus [tard]
la Gaule (1897) . . . . . . . . . . . . . . . . . . . . . . . . . .

DEVÉRIA (G.). L'écriture du royaume de Si-Hia ou Tangout, avec de[ux planches]

# PAGI ET VICAIRIES

## DU LIMOUSIN

### AUX IX<sup>e</sup>, X<sup>e</sup> ET XI<sup>e</sup> SIÈCLES

# PAGI ET VICAIRIES

## DU LIMOUSIN

### AUX IX<sup>E</sup>, X<sup>E</sup> ET XI<sup>E</sup> SIÈCLES

PAR

## M. DELOCHE

EXTRAIT

DES MÉMOIRES DE L'ACADÉMIE DES INSCRIPTIONS ET BELLES-LETTRES

TOME XXXVI, 2ᵉ PARTIE

## PARIS

### IMPRIMERIE NATIONALE

LIBRAIRIE C. KLINCKSIECK, RUE DE LILLE, 11

M DCCC XCIX

# PAGI ET VICAIRIES

## DU LIMOUSIN

### AUX IX<sup>e</sup>, X<sup>e</sup> ET XI<sup>e</sup> SIÈCLES.

OBJET DU MÉMOIRE.

Dans un mémoire intitulé : *Études sur la géographie historique de la Gaule et spécialement sur les divisions territoriales du Limousin au moyen âge*, couronné en 1857 par l'Académie des inscriptions et belles-lettres[1], j'ai décrit, d'après les documents alors connus, 22 *pagi*, dont 18 antérieurs au xii<sup>e</sup> siècle, 45 vicairies et 4 centaines des ix<sup>e</sup>, x<sup>e</sup> et xi<sup>e</sup> siècles.

Depuis cette époque, déjà bien éloignée, des chartes carolingiennes de l'abbaye de Saint-Martial de Limoges ont été découvertes dans les archives du département de la Haute-Vienne : les unes par mon savant confrère M. Robert de Lasteyrie, les autres par M. Alfred Leroux et par feu Camille Rivain, qui, après avoir rempli les fonctions d'archiviste à Limoges, était, au moment de sa mort, attaché aux Archives nationales à Paris.

Quelques-unes de ces pièces ont paru dans les Bulletins de la Société archéologique et historique du Limousin, de la Société des

---

[1] Ce mémoire a été inséré dans le recueil des *Mémoires présentés à l'Académie des inscriptions par divers savants*, t. IV de la 2<sup>e</sup> série, 1<sup>re</sup> partie, p. 266, et 2<sup>e</sup> partie, p. 1. — Le tirage à part forme un volume in-4° de 541 pages, accompagné de 2 cartes.

lettres, sciences et arts de la Corrèze, et de la Société scientifique, historique et archéologique du même département.

En outre, le Cartulaire de l'abbaye de Saint-Martin de Tulle et le Cartulaire du monastère de Saint-Pierre d'Uzerche, ou plus exactement des copies de nombreuses pièces inédites de ce dernier document, dont on ne connaissait que des fragments considérables, ont été publiés récemment [1].

Or, les chartes de Saint-Martial et les parties jusque-là inédites desdits cartulaires contiennent la mention d'un *pagus* du $IX^e$ siècle, de 9 vicairies non comprises dans ma description de 1857, et de dépendances, encore ignorées à cette époque, de vicairies déjà par nous décrites.

J'ai résolu de compléter à l'aide de ces éléments mon premier ouvrage, et de produire dans un Appendice les actes auxquels ils sont empruntés et dont M. de Lasteyrie a mis très obligeamment à ma disposition les copies exécutées par lui-même ou par Camille Rivain; ces copies ont été collationnées en dernier lieu, sur les originaux, par le savant archiviste du département de la Haute-Vienne, M. Alfred Leroux.

A cette occasion, dans deux notices qui feront également partie de l'Appendice, j'examinerai la valeur d'observations produites touchant, d'une part, des vicairies décrites dans le mémoire précité de 1857 et dont on a mis en doute l'existence [2], d'autre part, de prétendues vicairies qui y auraient été omises [3]. A la suite de ces notices, on trouvera une liste complète, à ce jour, des *pagi*, des vicairies et des centaines du Limousin, ainsi qu'une table alphabétique des noms de lieux mentionnés dans le présent mémoire.

---

[1] Par M. J.-B. Champeval, avocat à Figeac (Lot), savoir : le Cartulaire de l'abbaye de Tulle dans le *Bulletin de la Société scientifique, archéologique et historique de la Corrèze*, et les pièces du Cartulaire du monastère d'Uzerche dans le *Bulletin de la Soc. des lettres, sciences et arts de la Corrèze*.

[2] Appendice, n° XII.

[3] Appendice, n° XIII.

Enfin, j'ai joint à mon travail une carte du *Pagus* ou *Orbis Lemovicinus*, qui reproduit, en grande partie, celle qui accompagnait mon édition du Cartulaire de Beaulieu et mes *Études de géographie historique*, citées plus haut, mais qui, outre les additions nécessaires, en diffère sous plusieurs rapports [1].

### § 1.

UN NOUVEAU *PAGUS* DU LIMOUSIN,
MENTIONNÉ, EN 883, SOUS LE NOM DE *PAGUS BURGOLIUS*.

Avant de rechercher la position du *pagus Burgolius*, il me paraît utile de rappeler le caractère des subdivisions de cette sorte.

Je les ai qualifiées, autre part [2], de *divisions régionales* du diocèse, grand *pagus* ou *orbis*, parce qu'elles sont indépendantes de l'organisation judiciaire et administrative, et qu'elles sont la conséquence historique du séjour, sur des points déterminés, de certains groupes de population, et plus souvent peut-être le résultat de la configuration du sol, de son état de culture, ou de l'existence ancienne d'un *castrum* ou *vicus* important.

Par une charte du mois de septembre 883, provenant du fonds de l'abbaye de Saint-Martial de Limoges, Sicbard ou Sicbart et son épouse Alaitrude vendirent à Eldebert ou Aldbert et à son épouse Adaltrude une vigne située « infra ur[be Lemov]icino, *in pago Burgolio*, in villa cujus vocabulum est Tedlido [3] ».

C. Rivain, qui publia cet acte en 1879 [4], crut pouvoir identifier *Burgolio* avec Brigueil, nommé sur les anciennes cartes *Brigueil-l'Aisné*, paroisse de l'ancien diocèse de Limoges, dépendante de l'archiprêtré de Saint-Junien, et aujourd'hui commune située dans les

______

[1] Appendice, n° XV.

[2] Voir mes *Études* précitées *sur la géographie historique de la Gaule*, introduction ; tirage à part, p. 3.

[3] Voir à l'Appendice, n° 1, le texte entier de cette charte.

[4] *Bulletin de la Soc. archéol. et histor. du Limousin*, t. XXVII, p. 338-339.

canton et arrondissement de Confolens (Charente); il plaçait en même temps la *villa Tedlido* à Dieulidou, hameau voisin de Brigueil-l'Aisné.

Je n'hésite pas à considérer ces attributions comme inadmissibles.

Remarquons d'abord que le diocèse contenait, outre la paroisse de Brigueil désignée par C. Rivain, une autre paroisse du même nom, dépendante de l'archiprêtré d'Anzème et actuellement commune du département de la Vienne [1].

Si donc on admettait la traduction proposée par Rivain, il faudrait faire un choix entre les deux Brigueil et le justifier.

Je me hâte d'ajouter que cette traduction ne saurait être acceptée: *Burgolius* n'a pas pu faire, en français, *Brigueil*, mais, comme en Touraine, *Bourgueil* [2], ou un vocable de forme approchante.

On verra plus loin que le chef-lieu de notre *pagus* était encore appelé, au xi<sup>e</sup> siècle, *Burgolius*, et à la fin du xii<sup>e</sup>, *Borgul*. A partir de cette dernière époque, ce nom ne paraît plus dans aucun document, et en particulier dans le pouillé du diocèse de Limoges antérieur à 1312 [3], ni dans les pouillés et comptes de décimes plus récents; et l'on ne trouve dans les listes modernes aucun vocable géographique du Limousin qui y corresponde.

Il est pourtant bien invraisemblable qu'un chef-lieu de *pagus*, c'est-à-dire un centre de population d'une certaine importance, ait disparu entièrement. Il est plus naturel et plus conforme à l'histoire de penser qu'il a simplement changé de nom, et que probablement son vocable primitif a été ici, comme en tant d'autres endroits, remplacé par celui du saint patron de son église. C'est précisément ce qui, à mon sens,

---

[1] C'est Brigueil-le-Chantre, situé dans le canton de la Trimouille, arr. de Montmorillon.

[2] Chef-lieu de canton dans l'arrondissement de Chinon (Indre-et-Loire).

[3] Ce pouillé, le plus ancien que nous possédions du diocèse de Limoges, provient de l'ancienne collégiale de la Chapelle-Taillefert (Creuse). M. L. Duval, autrefois archiviste à Limoges, actuellement à Alençon, en a fait une copie, qui m'a été fort obligeamment communiquée par mon savant confrère et ami Aug. Longnon.

est arrivé dans le cas présent, et dont je crois pouvoir donner, sinon une preuve directe, au moins de très sérieux indices.

Ces indices me sont fournis par trois actes.

Le premier, de beaucoup le plus important, est une charte de l'abbaye de Saint-Martial, datée du mois de septembre 1027 : un personnage nommé Tisalgadus y confirme d'abord une donation de deux manses précédemment faite par sa mère à l'abbaye, à laquelle il cède en même temps ce qu'il possède « in curte de Roëria »; et puis, sous réserve de l'usufruit, sa part, c'est-à-dire la moitié « de ecclesia Sancti Desiderii et vineas meas de Burgolio »[1].

Les deux autres documents que j'ai annoncés plus haut sont, l'un de 1184, l'autre de 1194, ou plus récent de quelques années seulement.

L'acte de 1184 est une transaction conclue entre le prieur d'Aureil (Haute-Vienne)[2] et l'abbé d'Aubepierre (Creuse)[3], touchant une possession appelée « terra de Forgis »[4].

Parmi les témoins qui le souscrivirent figurent le prévôt, le prieur de Bénévent, et après lui [Bornar]*dus de Borgul* ».

L'acte de 1194 porte cession réciproque, par ces deux maisons religieuses, de leurs droits sur des bois situés « ultra Crozetam in Marchia ». Au nombre des témoins figurent le cellérier de Bénévent, *Guido de Tauron* (pour *Taurion*), et deux moines d'Aubepierre, dont l'un est *Bernardus de Borgul*.

*Borgul* est évidemment la forme romanisée de *Burgolius*, avec interversion des deux premières voyelles, et devenu, au xiie siècle, le nom d'une famille de la Haute-Marche[5].

---

[1] Voir, à l'Appendice, n° II, le texte entier de cet acte, qui a été publié par M. Alfred Leroux dans le *Bulletin de la Société des lettres, sciences et arts de la Corrèze*, année 1883, p. 646.

[2] Aureil, près Limoges.

[3] Commune de Moutier-Malcarre, cant. de Bonnat, arr. de Guéret.

[4] *Documents historiques concernant la Marche et le Limousin*, publiés par Alf. Leroux, E. Molinier et Ant. Thomas, t. I, p. 139.

[5] *Ibid.*, p. 140. La « petite Creuse » est un affluent de la rivière la Creuse, à laquelle elle se réunit non loin d'Aubepierre. Dans une charte du Cartulaire d'Uzerche, que M. Champeval

A partir de cette époque, on ne trouve plus — en tout cas je ne connais — aucune mention, sous une forme quelconque, du vocable géographique qui nous occupe.

Revenons à la donation de 1027, qui comprend, comme on l'a vu, deux objets distincts : d'une part, la *curtis de Roëria*; d'autre part, l'église *Sancti Desiderii* et les vignes *de Burgolio*.

En publiant la charte de Tisalgadus, M. Alfred Leroux a placé la *curtis de Roëria* à Royère, paroisse de l'archiprêtré d'Aubusson, et actuellement chef-lieu de canton dans l'arrondissement de Bourganeuf (Creuse). C'est une localité d'importance supérieure à celle des deux autres paroisses du même nom, que renfermait le diocèse de Limoges, et c'est apparemment cette considération qui a déterminé la préférence du savant éditeur[1].

Mais, tandis que les deux églises dépendantes des archiprêtrés d'Aubusson et de la Meyze étaient, la première à la collation du chapitre de la cathédrale de Limoges, et la seconde à la collation de l'évêque, celle qui dépendait de l'archiprêtré de Saint-Paul avait pour collateur le chapitre de Saint-Martial. Si l'on rapproche cette circonstance du fait que la *curtis Roëria* avait été donnée par l'acte de 1027 à la célèbre abbaye, on peut supposer que l'église de *Roëria* serait devenue, comme la *curtis*, la propriété de Saint-Martial, et que c'est conséquemment sur le Royère de l'archiprêtré de Saint-Paul qu'il conviendrait de placer l'une et l'autre.

Il faut reconnaître toutefois que ce n'est là qu'une conjecture. D'un autre côté, on peut invoquer en faveur du Royère de l'archiprêtré

---

place vers l'an 1062, figure comme témoin un *Iordanus monachus de Borgoll* (*Bull. de la Soc. des lettres, sciences et arts de la Corrèze*, année 1889, p. 123). Mais c'est là un religieux de Bourgueil (Indre-et-Loire), abbaye dont dépendait le prieuré de la Péruse, *Petrasia* ou *Peruzia*, chef-lieu d'une vicairie de l'an 1018, dont il sera parlé plus bas. (*Acta visitat. provinciar. Burdegal. et Bituric.*, *facta a Simone*, archiepisc. *Bituric.*, ann. 1290; dans Baluze, *Miscellan.*, édit. de Mansi de Lucques, t. I, p. 300.)

[1] Il y a encore un autre Royère, dont le nom latin était aussi *Roëria*, et qui est situé dans la commune de Bonnac, canton d'Ambazac, arrondissement de Limoges. Mais ce n'était pas une paroisse, et il ne figure pas dans le pouillé antérieur à 1312.

d'Aubusson, outre son importance, cette particularité qu'il est beaucoup plus rapproché que celui de l'archiprêtré de Saint-Paul des trois
paroisses de Saint-Dizier, dans l'une desquelles doit se placer, comme
on va le voir, le chef-lieu du *pagus Burgolius.*

Je passe au deuxième objet de la libéralité de Tisalgadus. « C'est,
dit-il, sa part, soit la moitié, de l'église de Saint-Dizier (*S<sup>ti</sup> Desiderii*)
et ses vignes de *Burgolio* ».

La réunion dans une même phrase du droit sur l'église et sur
les vignes de *Burgolio* autorisent à penser que l'église et les vignes
étaient au même lieu, c'est-à-dire à *Burgolius*. C'est pourquoi la dé-
termination de l'emplacement de l'église peut nous servir à établir,
au moins avec vraisemblance, celui de *Burgolius*, et, par suite, celui
de notre *pagus.*

Malheureusement il y avait dans l'ancien diocèse, au plus tard en
1312, quatre paroisses placées sous le vocable *Sancti Desiderii.* Trois
d'entre elles ont pris depuis le nom de *Saint-Dizier;* la quatrième est
appelée *Saint-Dézery.* Elles sont situées respectivement dans les anciens
archiprêtrés de Bénévent, Combraille, Anzême et Chirouse [1].

Si l'une de ces églises avait eu pour collateur Saint-Martial de
Limoges, ce serait là une raison sérieuse de préférence. Mais il n'en
est rien; d'après le pouillé antérieur à 1312, la grande abbaye n'avait
droit de collation sur aucune d'elles [2].

A défaut de cet élément de solution de la question, il nous en reste

---

[1] La paroisse de l'archiprêtré de Bénévent est actuellement une commune des canton et arrondissement de Bourganeuf (Creuse); celle de l'archiprêtré de Combraille est une commune du canton de Chénerailles, arrondissement d'Aubusson (Creuse); celle de l'archiprêtré d'Anzême est une commune du canton de Châtelus, arrondissement de Boussac (Creuse); celle de l'archiprêtré de Chirouse est une commune des canton et arrondissement d'Ussel (Corrèze).

[2] Celle de l'archiprêtré de Bénévent est à la collation du chapitre de ce prieuré; celles des archiprêtrés de Combraille et d'Anzême sont à la collation du chapitre de Déols (Indre); celle de l'archiprêtré de Chirouse est à la collation de l'évêque de Limoges.

un autre dans quelques mots de l'acte de 883, reproduits en tête de la présente notice. On y lit qu'il est fait vente d'une vigne sise dans le *pagus Burgolius*, « in villa cujus vocabulum est Tedlido ».

Il est clair que si l'on pouvait fixer la position de la *villa Tedlidus*, celle du *pagus* serait virtuellement déterminée; c'est ce que nous allons essayer de faire.

On sait que le terme de *Tedlidus*, assez usité au moyen âge, désignait un lieu planté en tilleuls [1]. A l'extrémité méridionale du Limousin, je l'ai rencontré dans deux chartes du Cartulaire de Beaulieu, datées de 842 et de 894, sous les formes *Telido* et *Tellide* [2], désignant un village appelé *Teillet* [3].

Or, à 3 kilomètres et demi au nord du Saint-Dizier de l'archiprêtré de Bénévent, il y a un village appelé *Teillet*, dont le nom correspond ainsi exactement à la *villa Tedlido* du *pagus Burgolius*.

En outre, tout près de *Teillet*, il existe une autre localité, dont le nom *Teilladet* a la même signification et atteste également que ce quartier était abondant en tilleuls.

On peut donc, avec une grande vraisemblance, placer en ce point la *villa Tedlido*, et par suite voir au moins provisoirement notre *pagus Burgolius* dans le *Saint-Dizier* de l'archiprêtré de Bénévent, actuellement commune des canton et arrondissement de Bourganeuf (Creuse).

---

[1] Il est surprenant que le mot ne soit rapporté dans aucune des éditions du *Glossaire* de Du Cange; celle de Carpentier a défini « *Tilletum* a gallico *Tillet*, locus tiliis consitus ». Le mot *tilium* était encore plus usité : il signifie *tilleul*, et l'on trouve beaucoup de lieuxdits appelés en français *le Teil* ou *le Theil*.

[2] « In pago Asnacense, in Telido villa. » (Ch. vi, ann. 842, p. 17.) — « In pago Lemovicino, in vicaria Asnacense, in villa Tellide. » (Ch. cxlii, ann. 894, p. 196.) Teillet est dans le canton de Beaulieu, arrondissement de Brive (Corrèze).

[3] Dans le Maine, le mot *Tellidus*, mentionné en 725, fait, en 1276, *Telleiam* et en français *Teillé* (Sarthe). (Cauvin, *Géogr. du diocèse du Mans*, p. 523.) — L'identification que C. Rivain proposait de faire de la *villa Tellido* avec le hameau de Dieulidou, voisin de Brigueil-l'Aisné (*Bull. de la Soc. archéol. et histor. du Limousin*, t. XXVII, p. 338-339), n'était, on le voit, admissible sous aucun rapport.

En tout cas, ce *pagus* du ixe siècle vient s'ajouter à notre liste de 1857 [1].

## § 2.

LE *PAGUS DUNENSIS* OU *DUNEZUS*, LE DUNOIS OU PAYS DE DUN EN LIMOUSIN.

Camille Rivain a publié, en 1889 [2], une charte de 941, portant donation par Ramnulfe au vicomte Eldegaire, à Tecberge son épouse et à leur fils Gérald, d'une pièce de terre sise à Dun, en Berri : « Cedo vobis vel dono aliqui de res meas, [hoc est] pagina de terra fromentali [3], qui est in urbe Biturico, *in vicaria Dunense*, in villa quae vocant Duno ».

De cette mention d'une vicairie et d'une villa *Dunum* en Berri, C. Rivain [4] a cru pouvoir conclure que j'ai, à tort, inscrit un *castrum Dunum* ou *Idunum* sur la carte du Limousin, qui accompagne le mémoire cité en tête du présent travail; d'où il résulterait que c'est également à tort que j'ai compris un pays de Dun ou Dunois (*pagus Dunensis* ou *Dunezus*) parmi les *pagi* de cette province.

---

[1] Cette addition ne changera point le total des *pagi* limousins antérieurs au xiie siècle ; car nous retranchons de notre première liste celui qui figure dans une charte de 969 sous le nom de *Betrivus*, et qui aurait été placé à Bort en Combraille. En reproduisant, d'après D. Col, un passage de ladite charte et l'attribution géographique du savant Bénédictin, j'exposais (*Études de géographie histor.*, etc., p. 180) les graves raisons qui me faisaient douter de son exactitude, et j'exprimais l'opinion : 1° que *Betrivus* était très probablement une forme corrompue de *Bituricus* et désignait en réalité le Berri ; 2° que la *vicaria Pardaniacus*, mentionnée dans le même passage de la charte de 969, devait être cherchée en Berri et non en Limousin.

[2] *Bull. de la Soc. archéol. et histor. du Limousin*, t. XXVII, p. 339. M. de Lasteyrie a reproduit (dans le *Bulletin de la Société scientifique*, etc. *de la Corrèze*, t. II, p. 51) ce même acte, dont l'original est dans les *Archives de la Haute-Vienne, fonds de Saint-Martial*.

[3] C. Rivain et M. de Lasteyrie ont fait imprimer le mot *fromentali* avec une majuscule initiale, comme si ce mot était un nom de lieu. Je crois que c'est à tort, et que *pagina de terra fromentali* signifie simplement « une pièce de terre à *froment* », c'est-à-dire propre à produire du froment. Si *fromentali* avait désigné un lieudit, le mot *pagina* ne s'expliquerait pas.

[4] *Bulletin de la Soc. archéol. et histor. du Limousin*, ubi supra, p. 338.

Il ne me sera pas difficile de démontrer que le savant et regretté archiviste a commis en cela une erreur. Il a perdu de vue des faits pourtant bien connus, à savoir :

1° Que, dans la langue des Gaulois, *dunum* est un substantif commun, signifiant *lieu élevé* et, par extension, *lieu fortifié, forteresse*, et qu'il fut employé, dans la Gaule indépendante, comme nom propre d'une localité, soit seul, soit joint à un autre terme, comme dans *Melo-dunum, Novio-dunum, Uxello-dunum;*

2° Que, durant tout le moyen âge, *dunum*, isolé ou combiné avec d'autres mots, est un vocable géographique, que l'on rencontre dans différentes provinces, notamment dans le Chartrain, *Dunum*, Châteaudun (Eure-et-Loir); en Berri, le *Dunum* de la charte précitée de 941, Dun-le-Roi (Cher); *Dunum*, Dun-le-Poëlier (Indre)[1]; *Exandunum*, Issoudun (Indre); en Limousin, un autre *Exan-dunum*, Issoudun (Creuse); *Age-dunum* (l'ancien *Acito-dunum* des itinéraires romains), Ahun (Creuse); *I-dunum*, Dun-le-Palleteau (Creuse); celui-ci est un ancien *castrum*, mentionné en ces termes, au vi⁰ siècle, dans la vie de saint Eptadius : «Castrum provinciae Lemovicinae, Idunum »[2], et qui fut le centre d'un pays appelé, au vii⁰ ou au viii⁰ siècle, *Duninus*[3]; dès le xiv⁰ siècle au plus tard, *Dunensis*[4]; aux xv⁰ et xvi⁰ siècles, tantôt *Dunensis*, tantôt *Dunezus*[5]; et, depuis cette époque,

---

[1] Les localités qui ont pour vocable le mot de *Dun* isolé ou joint à d'autres termes, sont nombreuses; je relève, dans un dictionnaire des communes de France, les noms suivants : Dun (Ariège); Dun (Saône-et-Loire); Dun-les-Places et Dun-sur-Grandy (Nièvre); Dun-sur-Meuse (Meuse).

[2] Dans Ph. Labbe, *Nov. Biblioth. mss.;* t. II, Append. Dans Bouquet, *Historiens des Gaules et de la France*, t. III, p. 381.

[3] Un *trieus* mérovingien frappé en Limousin porte en légende : RIO DVNINO, qui est Rieu-près-Dun, commune et canton de Dun-le-Palleteau, arrondissement de Guéret (Creuse). Voir Deloche, *Descript. des monnaies mérov. du Limousin*, p. 111.

[4] Le pouillé du diocèse de Limoges, provenant de l'ancienne collégiale de la Chapelle-Taillefert et antérieur à l'année 1312, contient la mention des trois paroisses suivantes : «Sancti Sulpicii *Dunensis* »; «de Buxeria *Dunensi* » dans l'archiprêtré de Bénévent; et «de Cella *Dunensi* » dans l'archiprêtré d'Anzème.

[5] Voir, dans le Compte des décimes de 1516, les paroisses précitées, mentionnées avec le mot *Dunensis* (Mss. Biblioth. nat., fonds français, n⁰ 15717, fol. 124-125), et dans un

le *Dunois*. Ce pays comprenait les territoires des paroisses de Saint-Sulpice-le-Dunois, de Bussière-Dunoise et de la Celle-Dunoise, les villages de Rieu-près-Dun, de Dunet et de Serfs-de-Dun [1].

Ce qui précède démontre jusqu'à l'évidence l'erreur où sont tombés Camille Rivain et, après lui, ceux qui ont contesté l'existence du *pagus Dunensis* du Limousin.

<h2 style="text-align:center">§ 3.</h2>

### NEUF VICAIRIES À AJOUTER À CELLES QUI ONT ÉTÉ PAR NOUS DÉCRITES EN 1857.

Avant de m'occuper de ces neuf vicairies, je dois mettre sous les yeux du lecteur quelques notions générales touchant les circonscriptions de cette sorte.

Apparues d'une manière certaine dans les premières années du IXe siècle, elles se rencontrent fréquemment au cours des IXe et Xe siècles et dans la première moitié du XIe.

La vicairie était le district où s'exerçait la juridiction du vicaire, lieutenant ou suppléant du comte, comme la centaine désignait le territoire où s'exerçait la juridiction du centenier, autre officier inférieur au comte.

J'ai recueilli et décrit pour la première fois, en 1857, dans mes *Études de géographie historique* déjà citées, 45 vicairies et 4 centaines [2].

Il n'a été découvert, depuis, aucune centaine nouvelle; mais, comme je l'ai dit plus haut, des documents, inconnus ou inédits à cette époque, nous ont révélé l'existence de 9 vicairies, que nous allons décrire et dont voici la liste [3] :

---

acte de l'an 1427, «Jo. Rubentis de Cella *Duneza*». (Mss. Bibl. nat., fonds latin, n° 17118, fol. 53.)

[1] Toutes ces localités sont, comme Dun-le-Palleteau, situées dans le département de la Creuse.

[2] Pages 309 à 376.

[3] Nous aurions par suite, actuellement, un total de 54 vicairies, si, de la liste de 1857, il ne fallait retrancher la *vicaria Pardaniacus*, que *très dubitativement* nous avions placée à Pradeaux-en-Combraille (Creuse), et qui doit

3

*Vicaria Briliacensis*, de Brillac;

*Vicaria Mansiacensis* ou *Mansiensis*, de Meuzac;

*Vicaria Nantiacensis*, de Nantiat;

*Vicaria Nobiliacensis*, de Saint-Léonard-de-Noblat;

*Vicaria de Nontron*, vicairie de Nontron;

*Vicaria Perpeciacus*, de Perpezac-le-Blanc;

*Vicaria Perucia*, de Lapéruse ou mieux la Péruse;

*Vicaria Saornacensis*, de Sornac;

*Vicaria Trainiacensis*, de Treignac.


1° *Vicaria Briliacensis*, vicairie de Brillac (Charente)[1].

Une charte inédite[2], de l'an 1012, provenant du fonds de Saint-Martial, porte donation à la célèbre abbaye d'un aleu situé « in pago Lemovicino, in vicaria Briliacense, in villa que vocatur Sancti Quintini ».

Brillac, paroisse de l'ancien diocèse de Limoges, dépendante de l'archiprêtré de Saint-Junien, est une bourgade dont l'origine remonte haut, car son nom est gravé sur un *triens* mérovingien[3]. Elle est mentionnée par Adémar de Chabanais comme ayant été le théâtre d'une victoire remportée, en 852, sur les Normands[4].

La *villa Sancti Quintini* est le bourg de Saint-Quentin-de-Lesterp, autrefois paroisse de l'archiprêtré de Saint-Junien, actuellement village dépendant du canton de Chabanais, arrondissement de Confolens (Charente).

---

être définitivement rendue au Berri. Voir, à ce sujet, mes *Études de géographie historique*, etc., p. 180-181 et 348.

[1] Commune dépendante des canton et arrondissement de Confolens.

[2] Voir le texte de cet acte à l'Appendice, n° III.

[3] Voir ma *Description des monnaies mérov. du Limousin*, p. 189, n° 85.

[4] *Chronicon Ademari Caban.*, dans Pertz, *Monum. German. histor.*, Scriptor., t. IV, p. 122; et dans Ph. Labbe, *Nov. Biblioth. mss.*, t. II, p. 162.

2° *Vicaria Mansiacensis* ou *Mansiensis*, vicairie de Meuzac (Haute-Vienne) [1].

Par une charte qui se place entre les années 943 et 974, il est fait don à Saint-Martial de Limoges de 9 manses situés «in pago Lemovicino, in vicaria Mansiacense, in villa quae dicitur Benaias» [2].

Une autre charte, sans date, contient donation à la même abbaye d'un aleu consistant en une forêt: «Silvam in pago Limovicino, in vicaria Mansiense, in loco qui vocatur vulgariter Roca Cerveria» [3].

Meuzac est une ancienne paroisse de l'archiprêtré de la Porcherie, appelée Melzac avant l'an 1312 [4].

*Benaias* est Benayes, commune située près et au sud-est de Meuzac, et dépendante du canton de Lubersac, arrondissement de Brive (Corrèze).

La *Roca Cerveria* est assez vraisemblablement le hameau actuellement appelé simplement «la Roche» et situé au sud et tout près de Meuzac. La forêt concédée à Saint-Martial est très probablement la forêt dite «de Magnac», au bord de laquelle est Meuzac, et qui, contournant cette dernière localité, englobait alors le hameau de la Roche.

3° *Vicaria Nantiacensis*, vicairie de Nantiat (Haute-Vienne) [5].

Une charte, datée de 955, contient les donations faites à Saint-Martial de plusieurs manses: «Manso meo, qui est in urbe Lemovicino, in vicaria Nantiacensi, in villa que dicitur Castanedo...; et, in

---

[1] Commune dépendante du canton de Saint-Germain-les-Belles, arrondissement de Saint-Yrieix.

[2] Cette charte a été publiée, en 1877, par C. Rivain, dans le *Bulletin de la Soc. archéol. et histor. du Limousin*, t. XXV, p. 391; et, en 1879, par M. Rob. de Lasteyrie, *Bulletin de la Société archéol. et histor. de la Corrèze*, t. II, p. 49.

[3] Voir à l'Appendice, n° IV, le texte entier de cette charte.

[4] Pouillé précité de la Chapelle-Taillefert. Cette paroisse est encore nommée *Melzac* dans un pouillé français du milieu du xvii° siècle, puis nommée *Meuzat* ou *Meuzac* dans d'autres pouillés des xvii° et xviii° siècles.

[5] Chef-lieu de canton dans l'arrondissement de Bellac.

3.

alio loco, alios duos mansos meo (*sic*), quid sunt in urbe Lemovicino, in vicaria Nantiacensis, in villa cue dicunt Ad illa Vernia [1]. »

Nantiat est une paroisse qui, dans l'ancien diocèse de Limoges,
dépendait de l'archiprêtré de Saint-Junien.

*Castanedo* est Chastenet, hameau situé dans la commune de Compreignac, canton de Nantiat [2]. *Ad illa Vernia* est le village de la Vergne,
au sud et dans la commune de Nantiat.

4° *Vicaria Nobiliacensis*, vicairie de Saint-Léonard-de-Noblat
(Haute-Vienne) [3].

Aux termes d'une charte du Cartulaire d'Uzerche, qui se place
entre les années 997 et 1003, Constantin du Doignon fait don à cette
abbaye de deux manses situés en Limousin, dans la *vicaria Nobilia-
cense*, dans la *villa* appelée a *Lascuras* [4].

Après avoir porté, durant de longs siècles, le nom de *Nobiliacus* [5],
le chef-lieu de la vicairie mentionnée dans cet acte a pris, au XV° siècle
au plus tard, le nom de Saint-Léonard, patron de son église, sans

---

[1] Cette charte, qui appartient au fonds de
Saint-Martial des archives départementales de
la Haute-Vienne (n° 9, 162 du classement provisoire), a été publiée, en 1883, par M. Alf.
Leroux, dans le *Bull. de la Soc. des lettres, etc.
de la Corrèze*, année 1883, p. 642.

[2] Telle est l'identification que M. A. Leroux a indiquée en publiant la charte de 955.
Il n'est pas inutile de signaler au nord-est de
Nantiat, canton de Bessines, un village appelé Chatenet.

[3] Cette ville est le chef-lieu d'un arrondissement.

[4] «Constantinus de Domnio... dat duos
mansos, in pago Lemovicino, in villa dicta a
Lascuras, tempore Adabaldi abbatis.» (Cartul.
Userc., ch. n° 752; dans le *Bulletin de la Soc.
des lettres, sciences et arts de la Corrèze*, année
1895, p. 109.)

[5] Voir notamment la Chronique de Geoffroi
de Vigeois, II, 10, où l'on voit que *Nobiliacus*
était un lieu fortifié au XII° siècle (dans Ph.
Labbe, *Nov. Biblioth. mss.*, t. II, p. 334). Dans le
pouillé antérieur à 1312, 4 paroisses sont mentionnées comme étant à la collation du prieur
de Nobiliac (*Nobiliacensis*). D'après une légende
rapportée par les hagiographes et les historiens
du Limousin, Léonard vint, vers le commencement du VI° siècle, s'établir comme ermite,
dans la forêt de *Pauum*, et construisit un oratoire sur un terrain du fisc royal, qui aurait pris
dès lors le nom de *Nobiliacus*. L'oratoire aurait été converti, en 541, en un monastère régi
par la règle de Saint-Augustin, et finalement
sécularisé en un chapitre composé par moitié
de séculiers et de moines réguliers. Voir notamment Allou, *Descript. des monum. de la
Haute-Vienne*, in-4°, p. 296.

toutefois abandonner le vocable précédent; car on trouve dans le Compte des décimes de 1516 [1] et dans un pouillé français du XVII° siècle, la mention du prieuré et des églises de « Saint-Léonard-de-Nobiliac » et, dans les pouillés postérieurs, de « Saint-Léonard-de-Noblat », qui est la forme actuelle de son nom [2].

La villa *a Lascuras* est le hameau dit *Ecuras*, situé au N.N.O. et dans le canton de Saint-Léonard, commune de Saint-Martin-Terre-Sus, ou bien *Lescuras*, dans le canton d'Ambazac, commune de Saint-Laurent-les-Églises [3].

5° *Vicaria de Nontron*, vicairie de Nontron [4].

Le Cartulaire d'Uzerche contient l'énoncé d'une donation faite en 1069 à cette abbaye, par le vicomte de Limoges Adémar, d'un manse situé *in villa de Mazeirac, in vicaria de Nontron* [5].

J'ai déjà mentionné dans mes *Études* précitées de 1857 [6], parmi les centaines du Limousin, une *centena Nantroninsis* ou *Nantronensis*, c'est-à-dire ayant le même chef-lieu que notre vicairie, et dont l'exis-

---

[1] Mss. Bibl. nat., fonds français, n° 15717, fol. 114.

[2] Il y a une paroisse de l'ancien diocèse également appelée *Nobiliacus*, aujourd'hui Noaillac (canton de Meyssac, arrondissement de Brive (Corrèze); mais cette localité, située à moins de 3 kilomètres au nord-est de Turenne, était englobée dans la vicairie dont Turenne était le chef-lieu.

[3] Champeval, *Bulletin de la Soc. des lettres*, etc., ubi supra, note 1. — Le site de la villa *a Lascur as* n'est pas sans donner lieu à quelque doute : car il y a dans ce quartier, au nord-nord-ouest de Saint-Léonard, deux localités qui répondent, à des degrés divers, au nom de cette villa : l'une nommée *Ecuras*, hameau dépendant de la commune de Saint-Martin-Terre-Sus, canton de Saint-Léonard; l'autre appelée *Lescuras*, dépendante de la commune

de Saint-Laurent-les-Églises, canton d'Ambazac, arrondissement de Limoges. Le vocable de celle-ci répond mieux que l'autre aux termes de la charte d'Uzerche; mais Lescuras est à 12 kilomètres du chef-lieu de notre vicairie, tandis qu'Écuras n'en est distant que de 6 kilomètres.

[4] Chef-lieu d'arrondissement du département de la Dordogne.

[5] « Ademarus vicecomes dedit mansum de alodo suo in villa de Mazeirac, in vicaria de Nontron; Geraldo abbate; testes Geraldus Porcariae, Petrus de Roser, anno 1069, rege Philippo, Iterio praesule Lemovicensi, Guillelmo Petragoricensi, in cujus dioccesi ille mansus. » (Cartul. Userc., n° 301; dans le *Bulletin de la Soc. des lettres, sciences et arts de la Corrèze*, ann. 1891, p. 247-248.)

[6] Page 372.

tence était attestée par une charte du Cartulaire de Saint-Martin-de-Tours, de l'année 921 [1].

Le vieux *castrum* de Nontron [2], chef-lieu d'un vaste archiprêtré du diocèse de Limoges jusqu'à la Révolution, était donc, dans le haut moyen âge, le centre d'une vicairie et d'une centaine.

Ces deux termes ne désignent pas, comme l'ont cru quelques érudits, une seule et même circonscription. A la vérité, les vicairies et les centaines ont eu parfois pour centre la même localité, et ont eu par suite le même nom; et elles ont pu aussi, dans ce cas, occuper le même territoire. Mais il y a, en divers pays et particulièrement en Limousin [3], des exemples de centaines *contenues dans des vicairies et portant un nom différent* de celui des vicairies où elles étaient situées, et nécessairement d'étendue inférieure à celles-ci [4].

Occupons-nous maintenant de l'emplacement de la *villa de Mazeirac*, dépendante de notre vicairie et dans laquelle était situé le manse donné. Il faut noter d'abord que, d'après les derniers mots de la notice du Cartulaire d'Uzerche, cette localité n'était point dans le diocèse de Limoges, mais dans le diocèse de Périgueux, dont l'évêque est ici mentionné : « Iterio praesule Lemovicensi, *Guillelmo Petragoricensi, in cujus diœcesi ille mansus.* » C'est conséquemment dans la partie du diocèse de Périgueux, limitrophe de celui de Limoges, et dans

---

[1] « ... Curtem nostram indominicatam, in pago Lemovicensi, in centena Nantroninse, in loco quo vocatur Birbiniacus, et in alio loco, in ipsa centena, villam nostram Bertigniacum. » (Mss. Biblioth. nat., fonds latin, n° 13898, fol. 93, v°.) Je n'ai pu trouver l'emplacement des *curtis* et *villa* dépendantes de la centaine de Nontron.

[2] Nommé dans le testament du comte Roger, de l'an 785; dans Mabillon, *Acta SS. ord. S. Bened.*, t. II, p. 711.

[3] « ... Vinea nostra, quae est in urbe Lemovicino, in fundo Exandonense, *in ricaria Luperciacinse, in centena Vinogilo*, in loco qui vocatur Vertiliaco. » (Ch. ann. 866, Cartul. de Saint-Étienne de Limoges; mss. Biblioth. nat., fonds latin, n° 9193, p. 113.) Il est bien évident que la centaine de Vignols, distincte de la vicairie de Lubersac (Corrèze), est, avec cette dernière, dans le rapport de la partie au tout.

[4] Voir, sur ce point, notre *Introduction au Cartul. de Beaulieu*, p. CLXI et CLXXV, et nos *Études de géogr. histor.* précitées, p. 305 343 et 375.

le voisinage de Nontron, que nous devons rechercher la villa dont il s'agit.

L'éditeur du Cartulaire d'Uzerche a pensé que ce pourrait être Mazières, village de la commune de Saint-Saud (Dordogne)[1] situé dans l'arrondissement de Nontron, à 11 kilomètres à l'est de cette ville et appartenant à l'ancien diocèse de Périgueux. Mazières convient, en effet, assez bien pour une telle attribution et peut être adopté, au moins provisoirement[2].

Mais, quel que soit le site de la villa qui nous occupe, nous avons ici un exemple certain d'une vicairie limousine, d'une partie du *pagus Lemovicinus*, ayant une de ses dépendances hors de l'ancien diocèse de Limoges, et débordant sur le territoire d'un diocèse limitrophe[3].

J'avais déjà constaté des faits semblables dans mes *Études de géographie historique* de 1857[4] et dans l'Introduction au *Cartulaire de Beaulieu*, paru en 1859[5], et c'est à propos de ces publications que

---

[1] M. Champeval, *Bulletin de la Soc. des lettres, sciences, etc., de la Corrèze*, année 1891, p. 248, note 1.

[2] La seule raison de douter est la terminaison de ce vocable, qui, étant inscrit *Maziéras* sur la carte de l'État-Major et *Mazières* sur celle de Cassini, dériverait plus régulièrement de *Macerias*, que l'on rencontre souvent dans les documents du moyen âge, et qui a produit, dans la toponymie, de nombreux Maizières et Mézières. *Maceria*, au pluriel *maceriæ*, est un substantif commun, désignant originairement des constructions en bois et finalement des bâtiments en ruine, des *masures*.

[3] Il est intéressant de noter ici que le bien cédé, en 1069, par le vicomte de Limoges Adémar était un aleu de ce dynaste, et qu'à la fin du x° siècle, un de ses prédécesseurs, Gui Ier, avait déjà donné à l'abbaye d'Uzerche « deux sous à percevoir dans cet aleu ». Un deuxième paragraphe de la charte précitée de 1069 l'atteste en ces termes : « Guido vicecomes dedit duos solidos in eodem manso. Gaubertus abbas. Testes : Bernardus Jauniac, etc. » Sur cette partie du texte, M. Champeval (*ubi supra*, p. 248, note 2) dit qu'il semble impossible de concilier la coexistence du vicomte Gui et de l'abbé Gaubert, celui-ci ayant cessé de gouverner le monastère en 997 au plus tard. Si la date du commencement du vicomtat de Gui était fixée avec certitude à l'an 1000, l'impossibilité signalée existerait en effet. Mais il n'en est pas ainsi : c'est, *au plus tard*, en l'an 1000 que Gui succéda à son père Gérald, et rien n'empêche de faire remonter cet événement à une année contemporaine de l'abbé Gaubert, et d'admettre la participation des deux personnages à un même acte.

[4] P. 70-74.

[5] P. cxxxviii et ccv.

mon savant confrère M. Aug. Longnon a signalé d'autres faits, qui sont également concluants [1].

Nous en verrons peut-être un nouvel exemple dans la vicairie de Perpezac-le-Blanc, pareillement limitrophe de l'ancien diocèse de Périgueux, et dont nous allons nous occuper.

6° *Vicaria Perpeciacus* ou *de Perpeciaco*, vicairie de Perpezac-le-Blanc (Corrèze) [2].

Une charte inédite du fonds de Saint-Martial, qui se place entre 998 et l'an 1000 [3], porte donation par Gui et sa femme Hemma, à cette abbaye, de divers biens ainsi désignés : « Hoc est una villa qui vocatur ad Grandem Montem tota et integra, et alia villa qui vocatur Mansus Bretonus tota et integra..... et in alio loco, ad Salamare, unum mansum quem tenet Arbertus, et in alio loco, una villa qui vocatur Nantoella tota et integra, et in alio loco, una villa in vicaria Perpeciaco, qui vocatur ad Grandem Montem. »

Il existe dans l'ancien diocèse de Limoges deux localités qui portent le nom de Perpezac, traduction exacte de *Perpeciacus*, savoir : Perpezac-le-Blanc, paroisse de l'ancien archiprêtré de Lubersac, aujourd'hui commune dépendante du canton d'Ayen, arrondissement de Brive; et Perpezac-le-Noir, paroisse de l'ancien archiprêtré de Vigeois, aujourd'hui commune ressortissant au canton de Vigeois, arrondissement de Brive.

L'identification de notre vicairie avec le territoire de Perpezac-le-Noir me paraît impossible, car celui-ci est enclavé dans la vicairie d'Uzerche et placé entre cette dernière ville et ses dépendances méridionales [4]. En outre, je n'ai trouvé, dans son voisinage, aucun lieu dont le nom répondît, même de loin, à celui de la villa *ad Grandem*

---

[1] *Mélanges historiques*, t. II; Pouillé du diocèse de Cahors, Introd., p. 5, 13 et 15.

[3] Commune située dans le canton d'Ayen, arrondissement de Brive.

[2] Voir à l'Appendice, n° V, le texte entier de cette charte.

[4] Alassac, Donzenac, les Escures, les Vergnes, Vallières.

*Montem*, que la charte de Saint-Martial place expressément dans notre vicairie. L'attribution à Perpezac-le-Blanc ne soulève, au contraire, aucune objection.

Ce centre de population est, à la vérité, peu distant d'Yssandon, qui fut aussi le chef-lieu d'une vicairie; mais celle-ci n'englobait pas Perpezac-le-Blanc et s'était développée exclusivement dans une direction opposée; en sorte qu'un district commandé par cette bourgade pouvait librement s'étendre à l'ouest et au nord-ouest.

Quant à la villa appelée *ad Grandem Montem*, dépendante de notre vicairie, je n'ai pu, en restant dans les limites de l'ancien diocèse de Limoges, découvrir, à proximité de Perpezac-le-Blanc, une localité qui réponde à son nom.

Mais à un kilomètre et demi seulement de la frontière commune des diocèses de Limoges et de Périgueux, se trouve dans celui-ci le village de *Grandmont*, dont le nom est la traduction exacte de notre villa, et qui est situé dans la commune de Badefol (Dordogne) [1].

Or, si l'on considère que déjà la vicairie limousine de Nontron, ci-dessus décrite, avait, comme nous l'avons prouvé de façon péremptoire, une dépendance dans le diocèse de Périgueux, il est bien permis de supposer que le même fait a pu se produire pour la vicairie de Perpezac-le-Blanc, et de le noter comme présentant ici une sérieuse vraisemblance.

L'acte contenant la mention de la villa *ad Grandem Montem* renferme celle de trois autres lieux nommés *Mansus Bretonus*, *Nantoella* et *Salamare*, sans que d'ailleurs rien dans le texte indique qu'ils aient fait partie de la vicairie de Perpezac. J'ignore le site des deux premiers, mais je connais celui de *Salamare*, village situé dans la commune et au sud de Saint-Solve [2], à 9 kilomètres et demi de Perpezac-le-Blanc :

---

[1] La commune de Badefol dépend du canton de Hautefort, arrondissement de Périgueux.

[2] Dans le canton de Juillac, arrondissement de Brive (Corrèze); il est désigné, sur la carte de l'État-Major, sous le nom de *Salamard*, et sous le nom de *Salamare* sur les feuilles de Cassini.

il est englobé dans la vicairie d'Yssandon, et par conséquent étranger à celle de Perpezac.

7° *Vicaria Perucia*, vicairie de Lapéruse, ou mieux la Péruse (Charente) [1].

Par une charte du fonds de Saint-Martial datée de 1018, un personnage nommé Ugo et sa femme Umberga donnent à cette abbaye un manse situé « in pago Lemovicino, in vicaria Perucia, in villa qui vocatur Telledet » [2].

Le chef-lieu de cette vicairie, ancien prieuré et ancienne paroisse dépendante de l'archiprêtré de Saint-Junien, est désigné sous le nom de *Petrusia* dans les actes du moyen âge, notamment dans le journal de la deuxième visite du diocèse de Limoges, faite en 1290 par l'archevêque de Bourges, Simon de Beaulieu [3], et dans le pouillé antérieur à 1312 [4]. Il est inscrit sur les anciennes cartes du diocèse, en la forme *la Péruse*. Ce n'est que dans les listes modernes qu'il reçoit la forme *Lapéruse*.

Quant à la *villa Telledet*, mentionnée comme ayant appartenu à notre vicairie, je n'ai encore trouvé, dans le voisinage de Lapéruse, aucun lieu dont le vocable y réponde exactement. Le seul qui s'en rapproche est *le Thiel* [5], village de la commune d'Étaignac ou Étagnat, ressortis-

---

[1] Commune située dans le canton de Chabanais, arrondissement de Confolens.

[2] Voir le texte de cette charte à l'Appendice, n° VI.

[3] Après avoir visité les abbayes de Colombe, du Dorat et de l'Esterp, le prélat se rendit à Lapéruse : « Venit Dominus apud Petrusiam, prioratum monasterii de Burgolio in Valle ; et est ibi conventus novem monachorum ». *Acta visitat. provinciar. Burdegal. et Biluric. facta a Simone de Belloloco, archiepisc. Bituric., Aquitaniae primate* (dans Baluze, *Miscellanea*, édit. de Mansi de Lucques, t. I, p. 300). Ce *Burgolius de Valle* est Bourgueil en Touraine, chef-lieu de canton dans l'arrond. de Chinon (Indre-et-Loire).

[4] Il y a une autre localité limousine appelée au moyen âge *Peiracia* et en français la Peirouse : c'est un simple village mentionné, en 972, dans le Cartulaire d'Uzerche, comme dépendance de la vicairie de Cussac (Haute-Vienne). Cartul. Uzerc., n° 325, dans le *Bull. de la Soc. des lettres, sciences et arts de la Corrèze*, année 1892, p. 168.

[5] Le mot *Telledet* aurait dû faire Teillet, comme sur d'autres points du Limousin. Voir plus haut, § 1er in fine, ce qui est dit de la villa *Tellida* du *pagus Burgolias*.

sant, de même que Lapéruse, au canton de Chabanais (Charente).
Mais il me paraît avoir plus vraisemblablement appartenu à la vicairie
de Chabanais : c'est pourquoi je ne le désigne que provisoirement et
très dubitativement.

8° *Vicaria Saornacensis*, vicairie de Sornac (Corrèze) [1].

Le Cartulaire de Tulle contient une charte, qui se place vers
l'an 925, par laquelle Aiminildis et son fils le prêtre Adacius donnent
à ce monastère, « in vicaria Saornacensi, villam nostram quae dicitur
Belna, domum scilicet propriam cum baccalaria... » [2].

Le chef-lieu de cette vicairie est une ancienne paroisse, mentionnée, dans le pouillé antérieur à 1312, sous le nom de *Saournac*.

La villa *Belma* est le village de Beaune, situé au nord-nord-ouest et
dans la commune de Sornac [3].

9° *Vicaria Trainiacensis*, vicairie de Treignac (Corrèze) [4].

Un acte ou plutôt une notice du Cartulaire d'Uzerche [5], qui se place
entre le 25 mars 1095 et le 15 janvier 1096 [6], contient le résumé
sommaire d'une donation faite à ce monastère par la vicomtesse
Almodis, veuve d'Ebles Ier, vicomte de Ventadour, de plusieurs biens
et spécialement de la villa dite *a Boissa*, dans la vicairie de Treignac,
*Trainiacensi*.

Le chef-lieu de cette vicairie est mentionné pour la première fois
dans un diplôme de Charles le Chauve de 873, portant concession à
l'abbaye de Solignac de l'église *Sti Martini de Trainiaco*, avec neuf

[1] Chef-lieu de canton de l'arrondissement
de Tulle.

[2] Dans le *Bulletin de la Société scientifique,
archéologique et historique de la Corrèze*, t. X,
p. 54.

[3] M. Champeval, *ubi supra*, note 3.

[4] Treignac est un chef-lieu de canton, dépendant de l'arrondissement de Tulle.

[5] N° 414, dans le *Bulletin de la Soc. des
lettres, sciences et arts de la Corrèze*, année
1893, p. 157.

[6] Voir à l'Appendice, n° IX, une note sur
les dates : 1° de cette donation; 2° de la mort
du vicomte Ebles Ier; 3° de la mort de Gérald Ier, abbé d'Uzerche.

manses [1]. Le *castellum de Trainiac* est désigné dans deux chartes du Cartulaire d'Uzerche, et nous voyons enfin figurer dans une charte du Cartulaire de Vigeois, du commencement du xii° siècle, deux personnages qui en avaient pris le nom [2].

Quant à la villa *a Boissa*, dépendante de notre vicairie, c'est Boisse, village situé sur la rive droite de la Vézère, au nord-est et dans la commune de Treignac [3].

§ 4.

NOUVELLES DÉPENDANCES DE VICAIRIES DÉJÀ DÉCRITES EN 1857.

Après avoir exposé ce qui se rapporte aux neuf vicairies dont l'existence a été révélée par des chartes inédites ou publiées postérieurement à 1857, nous devons nous occuper des localités que des documents nouveaux nous ont signalées, depuis cette époque, comme dépendant de onze vicairies par nous précédemment décrites, et qui sont les suivantes :

*Vicaria Barrensis*, vic. *Brivensis*, vic. *Cambolivensis*, vic. *de Cosatico*, vic. *Cursiacensis*, vic. *Flaviniacensis*, vic. *Navensis*, vic. *Padriacensis* ou *Pariacensis*, vic. *Spaniacensis*, vic. *Torinensis* ou *Tornensis*, vic. *Usercensis*.

1° *Vicaria Barrensis*, vicairie de Bar (Corrèze) [4].

Noms de lieux dépendants de cette vicairie à ajouter à la liste de 1857 [5] :

*Vallis* (*villa*), lieu indéterminé [6];

---

[1] Saint-Martin-de-Treignac est une bourgade située au nord-est et dans la commune de Treignac, sur la rive droite de la Vézère.

[2] «Romanus et Rotgerius de Trainac.» (Dans le *Bulletin de la Soc. archéol. et histor. du Limousin*, année 1890, t. XXXIX, p. 172.)

[3] M. Champeval, *Bulletin de la Soc. des lettres, sciences, etc., de la Corrèze*, ubi supra, note 3.

[4] Bar est une commune du canton de Corrèze, arrondissement de Tulle. Rappelons ici que le *castrum Barrum* était, au vii° siècle, un atelier monétaire. Voir Deloche, *Descript. des monnaies mérov. du Limousin*, p. 194, n° 88.

[5] Voir mes *Études de géogr. histor.*, etc., déjà citées, p. 322-324.

[6] «Nos Rodulfus et Boso cedimus et damus mansum nostrum in vicaria Barrense, in villa

*Born* (*villa*), Bort [1];

*Mandriniacus* (*mansus*), Meyrignac-l'Église [2];

*Adroi*, pour *ad Roi* (*villa*), lieu inconnu [3].


2° *Vicaria Brivensis*, vicairie de Brive (Corrèze) [4].

Noms à ajouter à la liste de 1857 [5] :

*Cornilio* (*parochia de*), Cornil [6];

*Clairacus* (*villa*), Cleyrat [7];

*Amaruc* (*villa*), Maruc [8];


quae dicitur Vallis. » (Ex Chartul. Tutelens., n° 118, sans date, dans le *Bulletin de la Soc. scientif., histor. et archéologique de la Corrèze*, t. X, p. 332). Cette notice est assurément antérieure au xii° siècle. Le Boso qui y figure est peut-être le témoin du même nom qui souscrivit la charte n° 112, du même cartulaire, de 947-953 (*ibid.*, p. 330). M. Champeval (p. 332, note 2) désigne trois localités avec lesquelles notre *Vallis* pourrait être identifié : *Lavat Boal*, commune d'Eyren, canton de Corrèze; *Enval-Soubro*, commune de Sarran; et *Enval*, commune de Corrèze. Je n'ai pas de raison pour me prononcer en faveur de l'une d'elles.

[1] « Mansum in villa de Born, in vicaria Barrense. » (Ex Chartul. Tutel., n° 148, ann. 957; *ubi supra*, p. 109.) Vraisemblablement Bort, commune de Saint-Salvadour, canton de Seilhac, arrondissement de Tulle. (Champeval, *ubi supra*, p. 332, note 3.)

[2] « In litteris venditionis de manso Amandriniaco (pour a Mandriniaco), in vicaria Barrensi. » (Ex Chartul. Userc., n° 449, ch. ann. circa 1001 ; dans le *Bull. de la Soc. des lettres, sc. et arts de la Corrèze*, ann. 1893, p. 323.) M. Champeval place *Mandriniacus* à Mérignac-de-Bar, commune de Bar, plutôt qu'à Meyrignac de la commune d'Égletons. Je ne connais pas la place de ce dernier; mais, la commune

d'Égletons étant séparée de la vicairie de Bar par celle de Roziers (*vicaria Rosariensis* ou *Rosuriensis*), il n'est pas possible de rattacher ce Meyrignac à la vicairie de Bar. Il y a, dans le rayon de cette dernière, la commune de *Meyrignac-l'Église*, canton de Corrèze, qui me semble convenir mieux que Mérignac-de-Bar. C'est ainsi que ce dernier nom est gravé sur la carte de Cassini.

[3] « Mansum meum in villa adroi (pour ad Roi), in vicaria Barrensi. » (Ex Chartul. Uterc., n° 451, sans date, *ubi supra*.)

[4] Chef-lieu d'arrondissement.

[5] Voir mes *Études de géogr. histor., etc.,* déjà citées, p. 324-326.

[6] « . . . duos mansos qui sunt in pago Lemovicensi, in vicaria Brivensi, in parrochia de Cornilio, in villa quae dicitur Clairacus. » (Ex Chartul. Tutel., n° 59, ch. ann. 926-927; dans le *Bulletin de la Société scientifique, historique et archéologique de la Corrèze*, t. X, p. 153.) Cornil, commune du canton-sud de Tulle.

[7] *Ubi supra*. Cleyrat, commune de Cornil.

[8] « Mansum meum, qui est in pago Lemovicensi, in vicaria Brivensi, in villa quae dicitur Amaruc; et est in parrochia de Cornilio. » (Ex Chartul. Tutel., n° 60, ch. ann. 957; *ubi supra*, p. 154). Maruc, commune d'Aubazine, canton de Beynat, arrondissement de Brive.

*Ad Podium* (*villa*), le Peuch [1];
*Campaniacus* (*villa*), Champagnac [2];
*Sancti Sanctini* (*parochia*), Saint-Xantin [3];
*Juliacus* (*villa*), lieu inconnu [4].

3° *Vicaria Cambolivensis*, vicairie de Chamboulive (Corrèze) [5].
Noms de lieux à ajouter à la liste de 1857 [6] :
*Durcianis* (*locus*), Dursas [7];
*Phillis* (*villa*), Fellis [8];
*Cassania* (*villa*), la Chassagne [9].

[1] « ... duos mansos qui sunt in pago Lemovicensi, in vicaria Brivensi, in villa quae dicitur ad Podium. » (Ex Chartul. Tutel., n° 62, ch. ann. 987; *ubi supra*, p. 173.) C'est le Peuch, commune de Cornil.

[2] « ... Unum capmansum in vicaria Brivensi, in villa de Campaniaco. » (Ex Chartul. Tutel., n° 223, ch. ann. 934-935; *ubi supra*, t. XII, p. 277.) Champagnac, commune de Cosnac, canton et arrondissement de Brive.

[3] « ... Villam quae dicitur Juliacus, in vicaria Brivensi, in parrochia Sancti Sanctini. » (Ex Chartul. Tutel., n° 282, ch. ann. 933; *ubi supra*, t. XIII, p. 134.) Saint-Xantin, commune de Malemort, canton et arrondissement de Brive.

[4] *Ubi supra.* M. Champeval n'a proposé aucune identification; il s'est borné à dire que cette localité est « près de Jayle, sur la Corrèze, non loin de Ladignac ».

[5] Commune du canton de Seilhac, arrondissement de Tulle.

[6] Voir mes *Études de géogr. histor.*, etc., déjà citées, p. 327-328.

[7] « Allodum meum, in vicaria Cambolivensi, in loco Durcianis. » (Ex Chartul. Tutel., ch. sans date; dans le *Bull. de la Société scientif. et archéol. de la Corrèze*, t. XIII, p. 457.) Dursas, village des commune et canton du Lonzac, arrondissement de Tulle.

[8] « Ego Rainaldus de Fillinis cedo Deo et S. Martino, in vicaria Cambolivensi, in villa quae dicitur Phillis... » (Ex Chartul. Tutel., ch. ann. 922-1031; *ubi supra*, p. 458.) Fellis, ancien village de la commune d'Eyburie, canton d'Uzerche, arrondissement de Tulle. Voir à l'Appendice, n° X, la note concernant cette identification.

[9] « ... Aliquid de rebus meis quae sunt in pago Lemovicino, in vicaria Cambolivensi, in villa quae dicitur Cassania. » (Ex Chartul. Tutel., ch. ann. 936; *ubi supra*, t. XV, p. 660.) La Chassagne, au sud et dans la commune de Chamboulive. Nous connaissions déjà une villa dépendante de la vicairie de Chamboulive et nommée *Cassanius* dans une charte du Cartulaire de Vigeois, qui se place entre les années 954 et 986 (voir mes *Études de géogr. histor.*, p. 328, note 6), et j'ai proposé de l'identifier, soit avec *Chassaignes* qui est au sud-ouest, soit avec *la Chassaigne* qui est au sud de Chamboulive et qui est désignée ci-dessus. Celle-ci répond mieux à notre *Cassania*. C'est là du reste un substantif commun qui se reproduit fréquemment dans la toponymie limousine, car, outre les deux exemples précités, il y a deux

4° *Vicaria Cosaticus* ou *de Cosatico*, vicairie de Cousages (Corrèze)[1].
Nom à ajouter à celui de la *vallis Cosaticus* ou *Quossaticus* sur la liste de 1857[2] :
*Liciacus* (*parochia*), Lissac[3].

5° *Vicaria Cursiacensis*, vicairie de Cursac (Haute-Vienne)[4].
Noms de lieux à ajouter à ceux de la liste de 1857[5] :
*Peirucia* (*villa*), la Peirouse[6] ;
*Burgus*, Magnac-Bourg (?)[7] ;
*Chastenet* ou *Chastanet* (*mansus*), Châtenet[8].

6° *Vicaria Flaviniacensis*, vicairie de Flavignac (Haute-Vienne)[9].

autres *Cassanias* : l'un dans la vicairie de Roziers, d'après une charte de Tulle. (*Op. cit.*, p. 351 et note 3), l'autre dans la vicairie de Puy-d'Arnac, d'après des chartes du Cartulaire de Beaulieu de 863, 997-1030 et 1028-1029 ; (*ubi supra*, p. 316 et note 7). — *Cassania*, Chassagne ou Chassaigne, désigne un groupe, une plantation de chênes ; il correspond au mot *Chesnaie*, usité dans le nord de la France : c'est une locution analogue à *Castanetum*, châtenet, bois de châtaigniers ; *Vernia*, vergne, groupe d'aunes (l'aune est appelé, en patois limousin, *verni*) ; *Telidam* ou *tilidam*, teillet, plantation de tilleuls, etc.

[1] Commune de Chasteaux, canton de Larche, arrondissement de Brive.

[2] Voir mes *Études de géogr. histor.*, etc., précitées, p. 331.

[3] « ... tres mansos in parochia Liciaco, in vicaria Cosaticó. » (Ex Chartul. Tutel., ch. ann. 934 ; *Bulletin de la Soc. scientif.*, etc. de la Corrèze, t. XIII, p. 452.) Lissac est une commune du canton de Larche, arr. de Brive.

[4] Cursac est un village de la commune de Saint-Vit, cant. de Saint-Germain-les-Belles-Filles, arr. de Saint-Yrieix.

[5] Voir cette liste dans mes *Études de géographie histor.*, etc., p. 332.

[6] « ... duos mansos : unum in villa Peirucia, alium in Burgo, in vicaria Cursiacensi. » (Ex Chartul. Userc., ch. ann. 977 ; dans le *Bull. de la Soc. des lettres, sciences et arts de la Corrèze*, année 1892, p. 168.) La Peirouse, à 4 kilomètres au sud de Cursac, est un village de la commune de la Porcherie ou de Saint-Vit, cant. de Saint-Germain-les-Belles-Filles, arr. de Saint-Yrieix.

[7] *Ubi supra.* Je suppose que le nom du *Burgus* de la charte précitée s'est réuni à celui de Magnac et a fait le Magnac-Bourg, commune assez importante du canton de Saint-Germain-les-Belles-Filles.

[8] « ... Mansum Chastenet, in vicaria Cursiacensi. » (Ex Chartul. Userc., etc., ann. 1044.) « ... Mansum Chastanet in parrochia Sancti Viti. » (Ex eodem Chartul., ch. ann. 1070 ; dans le *Bull. de la Soc. des lettres*, etc., de la Corrèze, année 1894, p. 127.) Chatenet, situé à 1,600 mètres à l'est de Cursac, est un village de la commune de Saint-Vit précitée.

[9] Flavignac est une commune du canton de Châlus, arr. de Saint-Yrieix.

Noms de lieux à ajouter à celui qui est dans la liste de 1857 [1] :

*Plevers* (*villa*), Pluviers [2] ;

*Boscaironi* (*villa*), Boisrond ou plus exactement Boisron [3].

7° *Vicaria Navensis*, vicairie de Naves (Corrèze) [4].

Noms de lieux à ajouter à ceux de la liste de 1857 [5] :

*Bassarias* (*villa*), Bussières ou Beysserie (la) ? [6] ;

*Sancti Clementis* (*parochia*), Saint-Clément [7] ;

*Ugegas* ou *Usgegas* ou *Regegas* (*mansus*), lieu inconnu [8].

8° *Vicaria Padriacensis*, ou *Pariacensis*, vicairie de Peyrat (Haute-Vienne) [9].

---

[1] Voir cette liste dans mes *Études de géographie histor.*, etc., p. 339.

[2] « Hoc est villa… que nominatur Plevers… Ista villa [jam supradicta] est in pago Lemovicino, in vicaria Flaviniacinse. » (Charte du fonds de Saint-Martial, ann. 954-985. Voir à l'Appendice, n° VII, le texte complet de cette charte.) Pluviers, village de la commune de la Meyze, cant. de Nexon, arr. de Saint-Yrieix, était, vers le XIV<sup>e</sup> siècle, d'après le pouillé antérieur à 1312, une paroisse appelée *Pleviers*, et au XVII<sup>e</sup>, d'après un pouillé français, déjà cité, du milieu du XVII<sup>e</sup> siècle, *Pleuviers*, d'où est dérivé le vocable actuel.

[3] « Donamus… hoc est mansum meum ; et est in pago Lemovicino, in vicaria Flaviniacense, in villa que dicitur Boscaironi. » (Charte du fonds de Saint-Martial de Limoges, ann. 954-983, dans le *Bull. de la Soc. des lettres, sciences et arts de la Corrèze*, année 1883, p. 641.) Boisrond, qui figure sur la carte de Cassini sous la forme meilleure de Boisron, est un village situé au sud-ouest et dans la commune de Flavignac.

[4] Naves, commune du canton-nord de Tulle.

[5] Voir cette liste dans mes *Études de géographie histor.*, etc., p. 343.

[6] « … mansos nostros vel terras, quae sunt in pago Lemovicinio, in vicaria Navensi, in villa quae dicitur Bassarias. » (Ex Chartul. Tutel., dans le *Bull. de la Soc. scientif., etc., de la Corrèze*, t. X, p. 150.) Cette charte n'est point datée, mais elle est assurément antérieure au XII<sup>e</sup> siècle, car les vicairies géographiques des temps carolingiens disparaissent entièrement à la fin du XI<sup>e</sup> siècle. Voir à l'Appendice, n° XII, ce qui est dit à ce sujet. Quant à la localisation de *Bassarias*, « on peut, dit M. Champeval, penser vaguement à Bussières, de la commune de Saint-Bonnet-Avalouse, bien qu'on trouve aussi Bussières à Saint-Clément, où est la Beysserie ».

[7] « … Mansum de Ugegas in parochia Sancti Clementis, in vicaria Navense. » (Ex Chartul. Tutel., ch. ann. 942 ; *ubi supra*, p. 331-332.) Saint-Clément est une commune du canton de Seilhac, arr. de Tulle.

[8] *Ubi supra.*

[9] Commune dépendante des canton et arrondissement de Bellac (Haute-Vienne).

Noms de lieux à ajouter à celui qui est dans la description de 1857 [1] :

*Brolio* (*villa*), le Breuil [2];

*Bernolio* (*locus*), Berneuil [3];

*Ad illas Noelas* (*locus*), les Nouelles [4].

9° *Vicaria Spaniacensis*, vicairie d'Espagnac (Corrèze) [5].

Noms de lieux à ajouter à ceux de la liste de 1857 [6] :

*Ermniaci* (*villa*), lieu inconnu [7];

*Cannaco* (*villa de*), Chanac [8];

*Bociniacus* (*villa*), Boussignac [9];

*Sanctae Fortunatae* (*parochia*), Sainte-Fortunade [10];

---

[1] Voir l'article relatif à cette vicairie dans mes *Études de géogr. histor., etc.*, p. 348-349, où elle est appelée *Pariacensis*.

[2] « ...Mansos qui sunt in urbe Lemovicino, in vicaria Padriacense, in villa que dicitur Brolio... et in alio loco qui dicitur Bernolio, et in alio loco qui dicitur ad illas Noelas. » (Charte du fonds de Saint-Martial de Limoges, ann. 934-942. Voir à l'Appendice, n° VIII, le texte complet de cette charte.) Le Breuil est un village situé au sud-ouest et dans la commune de Peyrat.

[3] *Ubi supra*. Berneuil est une commune du canton de Nantiat, arr. de Bellac.

[4] *Ubi supra*. Les Nouelles, village de la commune de Darnac, canton du Dorat, arr. de Bellac.

[5] Commune du canton de Laroche-Canillac, arr. de Tulle.

[6] Voir cette liste dans mes *Études de géographie histor., etc.*, précitées, p. 355-361.

[7] « In vicaria Spaniacense, manso in villa Ermniaci. » (Ex Chartul. Userc., ch. ann. 1031-1060; dans le *Bull. de la Soc. des lettres, sciences et arts de la Corrèze*, année 1892, p. 244.) Le mot *Ermniaci* ne serait-il pas écrit à cet endroit pour *Meriniaci?* Dans cette hypothèse (sur laquelle d'ailleurs je n'insiste pas), on pourrait songer à placer cette villa à Mérignac-de-Bar, qui est à 2 kilomètres seulement au nord de Châtre, dépendance connue de la vicairie d'Espagnac (voir mes *Études* précitées, p. 359).

[8] « Cedimus mansum nostrum, qui est in pago Lemovicino, in vicaria Spaniacense, in villa de Cannaco. » (Ex Chartul. Tutel., ch. ann. 986; dans le *Bulletin de la Soc. scientif., histor. et archéol. de la Corrèze*, t. IX, p. 675.) Chanac, commune au sud et dans le canton-sud de Tulle (Corrèze).

[9] « ... duos mansos in villa quae dicitur Bociniacus, in parochia Sanctae Fortunatae, in vicaria Spaniacense. » (Ex. Chartul. Tutel., ch. sans date; dans le *Bull. de la Soc. scientif., etc., de la Corrèze*, t. X, p. 150.) Cette charte est assurément antérieure au XII° siècle, car les vicairies géographiques disparaissent à la fin du XI° siècle. Boussignac est un village dépendant de la commune de Sainte-Fortunade, canton-sud et arrondissement de Tulle.

[10] *Ubi supra*. Sainte-Fortunade, commune du canton de Tulle. D'après une autre charte du même cartulaire, datée de 894, une autre dé-

*Sedeira* (*villa*), Sédière [1].

10° *Vicaria Tornensis*, ou *Torinensis*, vicairie de Turenne (Corrèze) [2].
Nom de lieu à ajouter à ceux de la liste de 1857 [3] :
*Noaliac* (*ecclesia de*), Noaillac [4].

11° *Vicaria Usercensis*, vicairie d'Uzerche (Corrèze) [5].
Noms de lieux à ajouter à la liste de 1857 [6] :
*Vernogilus* (*villa*), Vernéjoux [7];
*Montilii* (*villa*), le Monteil [8];

pendance de la paroisse de Sainte-Fortunade, la villa *Eura*, est comprise dans la vicairie de Naves (voir mes *Études* précitées, p. 344). Il faut donc admettre que cette paroisse était partie dans l'une, partie dans l'autre vicairie, ou bien qu'à une époque postérieure à 894, elle avait été détachée de la vicairie de Naves et attribuée à celle d'Espagnac. Il est, en outre, à remarquer qu'un des villages dépendants de l'ancienne paroisse de Sainte-Fortunade ressortissait à la vicairie de Brive.

[1] « ...do villam de Sedeira, in vicaria Spaniacense. » (Ex. Chartul. Tutel., ch. ann. 1020-1026; *ubi supra,* t. XIV, p. 525.) Sédière, village situé dans la commune de Clergoux, canton de Laroche-Canillac, arrondissement de Tulle. M. Champeval a, fautivement, placé la charte citée entre les années « *1219 et 1226, mieux vers 1220* ». Au xiii° siècle il n'y avait plus de vicairies géographiques. Nous établissons sa véritable date dans une note spéciale, à l'Appendice, n° XI.

[2] Commune du canton de Meyssac, arrondissement de Brive.

[3] Voir cette liste dans mes *Études de géographie histor.* précitées, p. 363-364.

[4] « ... mentio ecclesiae de Noaliac, in vicaria Tornensi. » (Ex Chartul. Userc., ch. ann. 1072; dans le *Bulletin de la Soc. des lettres, sciences et arts de la Corrèze,* année 1894, p. 121.) Noaillac est une commune située près et au nord-est de Turenne, canton de Meyssac, arrondissement de Brive.

[5] Chef-lieu de canton de l'arrondissement de Tulle.

[6] Voir la partie de cette liste concernant la vicairie d'Uzerche, dans mes *Études de géogr. histor.* précitées, p. 364-368.

[7] « Rodulfus fecit donationem de tribus mansis in villa Vernogilo, vicariae Usercensis. » (Ex Chartul. Userc., ch. ann. 965; dans le *Bull. de la Soc. des lettres, etc., de la Corrèze,* année 1893, p. 323.) Vernéjoux est un village de la commune de Condat, canton d'Uzerche, arrondissement de Tulle.

[8] « Telgerius tradit Usercensibus mansum in villa Montilii, in vicaria Usercensi. » (Ex Chartul. Userc., ch. ann. 999; *ubi supra,* année 1890, p. 258.) M. Champeval a indiqué comme probable l'identification avec le Monteil, village de la commune de Saint-Mexant, canton et arrondissement de Tulle. Mais il y a dans la commune de Saint-Bonnet-le-Sudron, canton de Vigeois, arrondissement de Brive, un village appelé aussi *le Monteil*, placé, de même que celui de Saint-Mexant, dans le rayon de la vicairie d'Uzerche, et entouré de dépendances de ce district. Les deux localités sont à la même

*Roius* (*mansi de*), lieu inconnu[1];
*Tomerio* (*villa*), lieu inconnu[2].

distance d'Uzerche, et je ne vois aucune raison de préférer l'une à l'autre.

[1] « . . . Mansos de Roius, in vicaria Userciacense (*sic*). » (Ex Chartul. Tutel.; ch. sans date, mais certainement antérieure au XII<sup>e</sup> siècle; dans le *Bull. de la Soc. scientif.*, etc., *de la Corrèze*, t. X, p. 710.) Quant à la localisation de *Roius*, M. Champeval dit qu'il est « peutêtre voisin de La-Borde-Oureix, commune d'Uzerche ».

[2] « . . . Mansum meum, qui est in pago Lemovicino, in vicaria Usercense, in villa quae dicitur Tomerio. » (Ex Chartul. Tutel., ch. ann. 984; *ubi supra*, t. XVI, p. 327.)

# APPENDICE.

## I

SICBARD ET SON ÉPOUSE ALAITRUDE VENDENT À ELDEBERT OU ALDBERT
ET À SON ÉPOUSE ADALTRUDE
UNE VIGNE SITUÉE EN LIMOUSIN, DANS LE *PAGUS BURGOLIUS* [1].

(Année 883.)

« Igitur ego enim in Dei nomen, Sicbardus et conjuves mea Alaitrudis, dilectus nobis Eldeberto [et conjuge] sua Adaltrudis vindimus vobis, constad nos robis vindere, quod ita et vindedimus vinea nostra, itaque juris nostris, infra urſbe Lemov]icino, in pago Burgolio, in villa cujus vocabulum est Tedlido, qui subjungid ipsa vinea de duos latus per vineas ad ipsius [pertinentes], et de tercio latus terra vel vinea Acberto vel Godulrigo cum eredes, de quarto latus via pubplica. Ipsa vinea, cum est circuita vel circuncingta per bodinas fixas vel loca desingnata, cum omni integritate vel supra positum ab integrum, nos vobis vindimus et manibus tradimus, adque trasfundimus ad abendum vel possidendum. Unde accepimus de vos precium in quod nobis bene conplacuid vel aptum fuit, hoc est ad argento valente in solidus LXXta tantum, ita ut ab odierno die quicquid de jamdicta vinea facere volueritis liberam et firmissimam abeatis potestatem faciendi. Si quis vero, nos ipsi aut ullus de heredibus nostris], etc. » — Suit une clause pénale en cas de contestation relativement à cette vente, puis viennent les souscriptions :

« Signum Sicbart. — Signum Alaitrud, qui anc vindicione ista fieri vel adfirmare rogaverunt. — Sign. Gaumero. — S. Gualtado. — S. . . . . igilio. — S. . . . . — S. Doteo. — S. Aigberto. — S. Dagberto. — S. Amenco. — S. Pastenno. — S. Martino. — S. Dotlione. — S. . . . . — S. . . . . — S. R. . . . . Martino. — S. Aldberto.

« Data vinditione ista, in mense setembris, anno IIII regnante domno nostro serenissimo Karlamando rege. Aldibaldus rogatus scripsit. »

[1] Voir ci-dessus, p. 33 et suiv.

Au dos de la charte on lit :

« Carta de quadam emptione. » Plus loin : « Quarta Sicbardi et uxoris ejus Alaitrudis. Nil valet. »

> (Archives du département de la Haute-Vienne, fonds de Saint-Martial, n° 9162 du classement provisoire. Cette pièce a été publiée par Camille Rivain dans le *Bulletin de la Soc. archéol. et histor. du Limousin*, t. XXVII, p. 338.)

## II

TISALGADUS CONFIRME UNE PRÉCÉDENTE DONATION ET CONCÈDE, EN OUTRE, À SAINT-MARTIAL
DE LIMOGES CE QU'IL POSSÈDE DANS LA *CURTIS DE ROËRIA* ET, SOUS RÉSERVE D'USUFRUIT,
LA MOITIÉ DE L'ÉGLISE *SANCTI DESIDERII* ET SES VIGNES DE *BURGOLIUS*[1].

(Septembre 1027.)

« Dum moneamur a pio Domino thesaurizare thesauros in caelo, quorum freti adjutorio mereamur recipi in aeterno tabernaculo, volo ego utinam omnipotentis Dei servus, nomine Tisalgadus, ac toto animo delibero dare quandam partem hereditatis meae Domino Deo Salvatori ac sancto presuli Marciali, ut per interventionem ejusdem apud ipsum Dominum Salvatorem aeternam merear consequi, eo annuente, quietem. Est autem haec hereditas scilicet duo mansi, quondam ad sanctum vultum Domini a mea genitrice collati, quos ad presens ex toto concedo ac dimitto; et haec omnia quae *in curti de Roëria* hucusque visus sum tenere, similiter semper relinquere censeo. Addo insuper post obitum meum in eadem donatione partem meam, id est *medietatem de ecclesia Sancti Desiderii et vineas meas de Burgolio*, quae toto conamine concedendo affirmo, ut locus Sancti Marcialis in perpetuo jure possideat. Et hoc est meum velle sine ulla contradictione. Anno Domini M° xxvij, ind. x, mense sept., regnante Rotberto rege. Aimericus. »

> (Archives du département de la Haute-Vienne, fonds de Saint-Martial, n° 9162 du classement provisoire. Pièce publiée par M. Alfred Leroux, archiviste de la Haute-Vienne, dans le *Bulletin de la Soc. des lettres, sciences et arts de la Corrèze*, année 1883, p. 646.)

[1] Voir ci-dessus, p. 35, 36 et suiv.

## III

LE PRÊTRE FULGERIUS DONNE À SAINT-MARTIAL DE LIMOGES UNE VIGNE AVEC TOUTES SES APPARTENANCES EN LIMOUSIN, DANS LA VICAIRIE DE BRILLAC ET DANS LA VILLA DE SAINT-QUENTIN [1].

(1012.)

« In nomine summe et individue alme Trinitatis nec non domni nostri Marcialis. Ego Fulgerius sacerdos, pertractans de Dei misericordia, vel pro eterna retribucione in die judicii retribuente, dono alodum meum qui est in pago Lemovicino, in vicaria Briliacense [2], in villa que vocatur Sancti Quintini. Hoc est vinea cum casuali vel cum omni affario, positum ad locum domni Marcialis et domno abbate Gauzfredi ejusdem loci et monachis. . . . . . . . . . . . . . . . . . . . . . . . . . . . . . . . . . . . . . . . . . . .

. . . . faciant in omnibus quicquid voluerint; ad festivitatem vero domni Marcialis, qui celebratur pridie kalendas Julii, duodecim denarios ad locum Sancti Marcialis restituam. Hoc autem alodum terminatur de uno latus terra S. Damiani, et de alio latus terra S. [Marcialis?, et de] alio latus terra S. Felicis, et de alio alodo S. Stephano. Infra istas fines totum et integrum cedo Domino Deo et sancto Marciali post obitum meum, ut faciant in omnibus de isto alodo quicquid voluerint monachi Sancti Marcialis nequando. . . [tamen nolo ut alio detur vel] venundetur, set sit in substantia servitoribus beati Marcialis. Si quis autem ex eredibus vel propinquis meis aliquam calumpniam aut ulla obmissa persona removere praesumpserit, auri libras componat et repeticio nullum effectum obtineat. Signum Fulgerii, qui hanc cartam jussit fieri vel adfirmare rogavit. Signum . . . . .

« Facta est autem carta in mense novembrio, anno xv regnante Hugono rege.

« Tetgarius rogatus scripsit. »

(Archives du département de la Haute-Vienne, fonds de Saint-Martial, n° 9162 du classement provisoire.)

[1] Voir ci-dessus, p. 42.

[2] Le texte porte *priliacense*; mais le *p* initial a été surmonté ensuite d'un *b*, qui donne bien le terme exact. La *villa Sancti Quintini* (le bourg de Saint-Quentin) détermine, en effet, la position de la vicairie dont elle dépendait; et le nom de *Prilincas* ne figure dans aucun des pouillés du diocèse de Limoges.

## IV

ITERBURGE, SON FILS GIRAUD ET ASPAZIE, ÉPOUSE DE CELUI-CI, CÈDENT À SAINT-MARTIAL DE LIMOGES UNE FORÊT SITUÉE EN LIMOUSIN, DANS LA VICAIRIE DE MEUZAC, AU LIEU DIT *ROCA CERVERIA* [1].

(Sans date [2].)

« Inter omnia mandata quae Deus omnipotens, pro peccatis redimendis, hominibus tribuit, dicit : *Date elemosinam et omnia munda sunt* [*vobis*]; et item in alio loco scriptura dicit : *Sicut aqua extinguit ignem, ita elemosina extinguit peccatum;* et [item] : *R[edemp]tio animae viri divitiae ejus.* Qua de re [3] ego, in Dei nomine, Iterburgis femina et filius meus Gerraldus cum uxore sua Aspazia. . . . . . . . . . . . . . . . . . . .
. . . . . . . . . . . . . . . . . . . . . . . . . . . . . . . . . . . . . . . . . . . . . . . . . . . . . .
. . . . . . . . . . . . . . . . . . . . . . . . . . . . . . . . . . . . . . . . . . . . . . . . . . . . . .
ex proprietate juris nostri alodum nostrum, scilicet silvam. . . . . in pago Limovicino, in vicaria Mansiense, in loco qui vocatur vulgariter Roca Cerveria. » (*Le reste est en blanc.*)

(Archives du département de la Haute-Vienne, fonds de Saint-Martial, n° 9162 du classement provisoire.)

## V

GUI ET SON ÉPOUSE HEMMA DONNENT À SAINT-MARTIAL DE LIMOGES PLUSIEURS BIENS, NOTAMMENT LA VILLA APPELÉE *AD GRANDEM MONTEM* ET SITUÉE DANS LA VICAIRIE DE PERPEZAC-LE-BLANC [4].

(Ann. 998-1000 au plus tard.)

« [Igitur ego in Dei] nomine, Guido et uxor mea Hemma, tractantes de Dei misericordia et de salute animarum nostrarum, ut nobis pius et misericors dominus

---

[1] Voir ci-dessus, p. 43.

[2] L'écriture de cette charte est de la fin du xi° siècle ou du commencement du xii° (Note de M. Alf. Leroux, archiviste du département de la Haute-Vienne). D'après les indications topographiques contenues dans cet acte, il ne peut être d'une date postérieure à la fin du xi° siècle.

[3] Les lignes qui précèdent sont empruntées à une copie de M. Alfred Leroux; celles qui suivent sont empruntées à une copie de M. R. de Lasteyrie. D'après une note de M. Leroux, la citation *Redemptio animae,* etc., est à peine lisible sur l'original, et elle a été restituée à l'aide d'une charte de 1016, publiée par lui dans *Chartes, chroniques,* etc., *de la Marche et du Limousin,* p. 11.

[4] Voir ci-dessus, p. 48 et 49.

veniam dare dignetur nostris sceleribus, et ut concordantes simus illius sententie que dicit : *Date elemosinam et ecce omnia munda sunt vobis.* Itemque alia scriptura dicit : *Sicut aqua extinguit ignem, ita elemosina extinguit peccatum.* Quod scientes et recogitantes ista omnia, ut nobis pius Dominus refrigerium det animabus nostris in die juditii, dimittens omnia peccata nostra, tradimus coenobio domni nostri Marcialis, ubi sacratissimum corpus ejus requiescit, et ubi venerabilis Adalbaldus abbas monachis ipsius loci preesse videtur : hoc est una villa qui vocatur ad Grandem montem tota et integra, et alia villa qui vocatur Mansus Bretonus tota et integra... et in alio loco, ad Salamare, unum mansum quem tenet Arbertus, et in alio loco, una villa qui vocatur Nantoella [tota et inte]gra, et in alio loco, una villa in vicaria Perpeciaco, qui vocatur ad Grandem montem. »

(L'acte est interrompu ici; il reste une ligne et demie de blanc.)

Au dos on lit :

« Carta Widonis et uxoris sue Hemme de tribus villis. Una vocatur ad Grandem montem, alia Mansus Bretonus, et alia ad Salamare mansus, cum villa que vocatur Nantoella. »

(Archives du département de la Haute-Vienne, fonds de Saint-Martial, n° 9162 du classement provisoire.)

### NOTE SUR LA DATE DE LA CHARTE CI-DESSUS.

Adalbaldus, onzième abbé de Saint-Martial, mentionné dans cet acte, a gouverné la célèbre maison religieuse, de 998 à 1000 [1]. D'un autre côté, Gui, l'auteur de la donation faite conjointement avec sa femme Hemma, est le fils de Gérard, vicomte de Limoges, et lui succéda après sa mort, qui eut lieu, *au plus tard*, en 1000. Comme Gui ne prend pas ici le titre, il n'était pas encore en possession de la vicomté.

Notre charte se place donc entre le commencement de l'abbatiat d'Adalbaldus, en 998 et l'an 1000 au plus tard.

# VI

UGO ET SON ÉPOUSE UNBERGE DONNENT À SAINT-MARTIAL DE LIMOGES UN MANSE SITUÉ EN LIMOUSIN, DANS LA VICAIRIE DE LAPÉRUSE OU MIEUX DE LA PÉRUSE, DANS LA VILLA TELLEDET [2].

(Février 1018 n. st.)

✠ « Eguo in Dei nomine, Ugo et uxor mea Unberga..... tradimus aliquid de alodo nostro Deo omnipotenti et sco Marciali Lemovicensi cenobio pro salute

---

[1] *Nov. Gall. christ.*, t. II, col. 557. — [2] Voir ci-dessus, p. 50.

animarum hoc est unum j mansum qui est positus in pago Lemovicino, in vicaria
Petrucia, in villa qui vocatur Telledet...................................
.......................................................................
...........................................................................

Facta ec donatio id. febr., anno ab incarnacione Domini millesimo xvii, ind. xv.
Sub presentia domni abbatis Gauzfredi ac fratrum beati Marcialis. ⸝ Ugoni laici.
⸝ uxoris ejus Unbergue, qui hanc donationem fecit pro se et pro viro suo. ⸝ Be-
goni et sign. Guidonis fratris ejus ⸝. ⸝. Signum Gauzfredi de Peirato (abbatis?). »

> (Archives du département de la Haute-Vienne, fonds de Saint-Martial, n° 9162 du classement pro-
> visoire.)

## VII

Roger et son épouse Arsinde donnent à Saint-Martial de Limoges les biens qu'ils
possèdent dans la villa de Pluviers, située en Limousin, dans la vicairie de Flavignac[1].

(Ann. 954-966.)

Ego enim in Dei nomine, Rogerius et uxor mea nomine Arsindis, nos insimul
tractavimus de Dei misericordia vel remedio animarum nostrarum, ut omnipotens
Dominus in trem[endi juidicii die] de jehenna ignis nos eripere dignetur, donamus ad locum istum qui est in honore domni nostri Jhesu Xristi, ubi beatissimus
presul Marcialis requiescit............ Hoc est villa Plevers, quantum in ipsa
villa visi sumus habere vel possidere, totum et ab integrum donamus ad locum
istum jam supradictum, ea tamen ratione quamdiu nos vixerimus usufructuarium
abeamus, et per singulos annos censum reddamus denarios xij$^{cim}$ ad festivitatem
Sancti Marcialis. Ista villa [jam supra dicta] est in pago Lemovicino, in vicaria
Flaviniaciuse. Post obitum nostrum, in integrum remaneat beatissimum Marcialem
sine ullo contradicente. Quid si quis nos aut ullus de heredibus nostris vel prohere-
dibus aut ullus homo, qui contra helemosinaria ista ulla calomnia generare pre-
sumpserit, inprimis iram Dei omnipotentis incurrat et alliminibus (*sic*) sanctae Dei
ecclesiae extraneus permaneat, et cum Juda qui Dominum tradidit partem damna-
cionis recipiat. Cum stibulacione subnixa, facta elemosinaria ista in mense octubrio,
regnanante (*sic*) Lotherio rege. Signa. Rotgerio et uxore sua Arsindis, qui elemosinaria ista fieri vel adfirmare rogaverunt Signum An-srico (*sic*). Signum Alde-
gario. ⸝. Adraldus. Hildebertus roitus scripsit.

[1] Voir ci-dessus, p. 56.

Au dos : Quarta Rotgerio..... Rotberto......... de villa quae voca[tur] ...
Plevers.

(Archives du département de la Haute-Vienne, fonds de Saint-Martial, n° 9162 du classement provisoire.)

## VIII

L'ABBÉ AIMON OU AIMOIN CONCÈDE À FULGUALDUS ET À SON ÉPOUSE ODELGARDE, MOYENNANT
LE PAYEMENT D'UN CENS ANNUEL, L'USUFRUIT DE MANSES APPARTENANT À SAINT-MARTIAL
DE LIMOGES ET SITUÉS EN LIMOUSIN, DANS LA VICAIRIE DE PEYRAT, DANS LES VILLES DE
BREUIL, DE BERNEUIL ET DES NOUELLES [1].

(Ann. 936-952 [3].)

Venerabili in Christo Aimone abbate et monasterio Sancti Marcialis Lemovicensi
ubi [discipulus Xpi Marcialis]..... corpore requiescit, expetivit ego Fulgualdus
et uxor mea Odolgardis.............................................
ut nos husufructuario beneficio deberetis, quod et fecistis, mansos scilicet vestros
qui sunt in urbe Lemovicino, in vicaria Padriacense [4], in villa que dicitur Brolio qua[m]
Gand[ulfus [5] donavit] Sancti Marcialis, et in alio loco qui dicitur Bernollo, et in
alio loco qui dicitur Ad illas Noelas [6], hubi Goet visus est manere, cum ipsas vias
nostras, fuit peticio, et jam decrevit voluntas [vestra, ut censum] annis singulis, in
die festivitatis Sancti Marcialis, dare censum de xij [7], [et censum] requiratur. Quod
si ego de ipso censu tardus aut negligens fuero, ipsum censum second....
et pro hoc..... libra [8] pretextu quamdiu..... possideat..............
post nostrum quoque discessum, in vestra detina [9]...... ato sine ulla contra[dic]-
tione. Ut [10] haec precaria firma et convulsa [11] valead perdurare [cum stipul...
subnixa. S [12] Aimoini, abbati. S Ricardi prepositi. S Autrandi archiclavis. S ...

[1] Voir ci-dessus, p. 57.

[2] Nous donnons le texte ci-dessous d'après
une copie de M. de Lasteyrie. Les variantes
inscrites en note sont tirées d'une copie antérieurement exécutée par feu Camille Rivain.
D'après une note récente de M. Alfred Leroux,
archiviste du département de la Haute-Vienne,
toute vérification est devenue impraticable sur
l'original, qui est actuellement aux trois quarts
illisible.

[3] Scilicet tres.

[4] Parriacense ou Padriacense.

[5] Got.

[6] Ad illas Noelis.

[7] Probablement XII sols.

[8] Libratas tres.

[9] Detinere [potest] a te sine.

[10] Et nostra precaria.

[11] Pour inconvulsa.

[12] Signum à cet endroit et en avant de [ceux]
qui suivent.

nulfi. ᛋ Teotbaldi. ᛋ Cristiani. ᛋ Gauzberti. ᛋ Rainoni[1]. ᛋ item[2] Teotbaldi. ✠ Adalbert scrip. ᛋ [3].

Au dos, cote du temps :

« Carta de mansos qui sunt in villa al Brol[4] et a Bernol et a las Noeles[5], quos dedit Aimo abbas Folcal et Odolgard. »

(Archives du département de la Haute-Vienne, fonds de Saint-Martial, n° 9162 du classement provisoire.)

NOTE SUR LA DATE DE L'ACTE CI-DESSUS ET DU GOUVERNEMENT DE L'ABBÉ AIMON
OU AIMOIN À SAINT-MARTIAL DE LIMOGES.

Le seul élément que cet acte nous offre pour en établir la date appproximative, c'est la date et la durée de l'abbatiat d'Aimon ou Aimoin.

L'époque où il prit la direction de l'abbaye de Saint-Martial n'est fixée nulle part; mais on peut la déterminer à l'aide de divers documents et principalement de la *Commemoratio* des abbés de cette célèbre maison religieuse, rédigée, dans le premier tiers du xie siècle, par Adémar de Chabanais. Il y est dit que le gouvernement d'Aimon dura six ans; qu'il mourut le 7 mai, trois ans avant son frère Turpin, évêque de Limoges, qui succomba le 14 juillet[6]. Il est, en outre, certain qu'Aimon était encore abbé de Saint-Martial dans la sixième année du règne de Louis d'Outre-mer, c'est-à-dire en 942[7], et, en remontant de six ans en arrière, on trouve que son abbatiat a commencé en 933.

Mabillon[8] a pensé que ce commencement devait être placé en 934, par la raison que, dans le testament de l'évêque Turpin, où il est parlé du rétablissement du monastère de Saint-Augustin de Limoges[9], Aimon est déjà mentionné comme abbé, et que cette reconstruction aurait été, d'après d'autres lettres de Turpin[10],

[1] Ramoni.

[2] Signum iterum.

[3] Adelbertus scripsit.

[4] Voir ci-dessus, p. 57.

[5] *Ibid.*

[6] « Octavus abbas Aimo praefuit annis sex. Obiit nonis Maii. Hic amicitiam habuit cum S. Odone Cluniacensi abbati, cui jussit edere vitam S. Geraldi. Hic Turpionem episcopum Lemovicensem fratrem suum summo amore excoluit, et tertio post obitum ejus anno idem S. Turpio episcopus obiit viii kalendas Au-

gusti... » (Dans Ph. Labbe, *Nova Bibliotheca mss.*, t. II, p. 272.)

[7] « Certe S. Martialis pedum adhuc gerebat anno 942, Ludovico rege regnante anno sexto. » (Dans *Nova Gallia christiana*, t. II, col. 556.)

[8] *Annal. Ord. S. Bened.*, ad ann. 934, t. III, p. 412.

[9] Nous reproduisons plus bas le texte de ce testament.

[10] Voir plus bas le texte de ces lettres.

effectuée la douzième année du règne de Raoul, c'est-à-dire en 934; que dès lors c'est en cette année, au plus tard, que se place l'époque où Aimon aurait pris la direction des moines de Saint-Martial.

Les auteurs du nouveau *Gallia christiana* ont combattu l'opinion de Mabillon; ils ont fait observer qu'il n'était pas permis de s'écarter, sans preuve certaine, du témoignage d'Adémar de Chabanais, qui, petit-neveu d'Aimon et de Turpin, écrivant à peu de distance de la mort de ces personnages, devait être regardé comme exact pour tout ce qui les concerne; que d'ailleurs rien ne prouve que le testament de Turpin ne fût pas d'une époque postérieure aux lettres datées de 934[1].

Il me semble que la question peut être serrée encore de plus près, et c'est ce que je vais m'efforcer de faire.

Le chroniqueur Adémar, dans la *Commemoratio* précitée, a marqué la durée du gouvernement de chacun des abbés; si l'on remonte dans sa liste jusqu'au cinquième (Fulbert Ier), dont la mort est fixée avec précision et certitude au 14 janvier 899 (n. st.)[2], on voit que ses deux successeurs (Fulbert II et Étienne) siégèrent, le premier 20 ans, le deuxième 17 ans[3], ensemble 37 ans, qui, additionnés à 899, donnent la date de 936 pour le commencement de leur successeur immédiat, qui est précisément Aimon.

En outre, cet abbatiat ayant duré 6 ans, atteint l'année 942, où, comme on l'a vu plus haut, ce personnage était certainement à la tête des moines de Saint-Martial.

Enfin (et je touche ici au point le plus important de cette discussion), l'unique argument de Mabillon est basé sur deux pièces émanées de l'évêque Turpin, dont l'illustre bénédictin me semble avoir tiré une conclusion qu'elles ne comportent pas.

En effet, les lettres *datées de 934* n'attestent point le fait de *la reconstruction du monastère* de Saint-Augustin, mais seulement la résolution de l'effectuer auprès de l'église alors existante et consacrée au saint docteur, et *la donation que, dans ce but, Turpin fait de ladite église* « quam tradens trado..... ad construendum monasterium..... [4]. »

---

[1] *Nov. Gall. christ.*, ubi supra.

[2] « Quintus abbas Fulbertus praefuit annis vi. Obiit ix kalend. Februarii. Hujus v anno, Odo rex obiit et Carolus Minor regnum recuperavit. Ipso anno, Anselmus episcopus Lemovicensis obiit v idus Februarii... » Commemoratio abbatum Lemovicensium basilicae S. Martialis apostoli; dans Ph. Labbe, loc. cit., p. 27.

[3] *Ibid.*

[4] Voici le texte de ces lettres de l'évêque Turpin, ou plutôt des parties qui en ont été rapportées par Bernard de Gui dans son opuscule *De ordinib. Grandimontensi atque Artigia*

Cette construction des bâtiments du monastère exigea un temps assez considérable, et lorsque, dans son testament *non daté*, l'évêque, après avoir rappelé comment le projet de rétablir le cloître « claustrum construere » lui fut inspiré, il ajoute qu'il l'a réalisé « quod et feci », il est bien évident qu'un assez long temps (deux ans et plus peut-être) s'était écoulé depuis la donation de 934, et que le testament ainsi que la mention de l'abbé Aimon qui y est contenue, peuvent très logiquement descendre à 936 et même au delà [1].

Je dois, en finissant, aller au-devant d'une observation que peut suggérer un passage des *Annales* de Limoges. Nous avons vu que le décès d'Aimon avait précédé de trois ans celui de Turpin. Or, lesdites annales marquent ce dernier à l'année 944 [2], ce qui ferait mettre la fin d'Aimon à 941 et le commencement de son abbatiat à 935. Sur ce dernier point, je ne reviendrai pas sur la raison déduite plus haut à l'appui de la date de 936; et quant à la date de 941 pour la mort d'Aimon, il suffit

---

*et monasterio S. Augustini Lemovicensis*, § II, et publiées par Ph. Labbe, dans sa *Nova Bibliotheca manuscriptorum*, t. II, p. 278 :

« Ego Turpio episcopus, servorum Dei extimus, in me reversus cogitavi de Dei timore et gehennae ignis, et ut pius Dominus mihi tribuere dignetur veniam in die ultima, *proposui construere* monasterium ad quandam ecclesiam quae in honore beati Augustini dudum dicata est, jubente tamen Radulfo rege, domno Guillelmo comite, consentientibusque nostris consanguineis seu senioribus in Lemovicensi pago degentibus. Est autem supradicta ecclesia sita in prospectu Lemovicensis civitatis, super Vigennam fluvium, quam tradens trado in monachorum manibus, Martino videlicet abbati, *ad construendum monasterium*, quatenus illic Sancta Regula indesinenter custodiatur, etc. (*sic*). Factum est illud mense xi Novembri, regnante Radulfo rege, in anno duodecimo regni sui. »

[1] Voici le texte du testament ou plutôt de la partie du testament de Turpin, rapportée, comme les lettres ci-dessus, par Bernard de Gui et publiée par Ph. Labbe, *loc. cit.* :

« Ego Turpio Lemovicensis omnium episcoporum extimus de sede quam mihi Deus regendam tuendamque immerito committere dignatus est, religionem auferri conspiciens, valde pertimui. In memet autem reversus, diutinis precibus a Domino auxilium petens, implorabam ut, ipso juvante, religio quae usque ad nos illibata pervenerat, nostris temporibus non deperiret, sed successoribus inviolata succederet. Incidit itaque mihi consilium bonum, ut *claustrum construerem, et ibi Fratres boni testimonii aggregarem*, qui in commune sine aliqua proprietate degentes, absque ullo strepitu divinae servituti incumberent, *quod et feci* consentientibus optimatibus in Lemovicensi pago degentibus, et archidiaconis, aliis que praelationem aliquam in Ecclesia Lemovicensi habentibus, etc. (*sic*). Obsecro vos, o successores mei, hoc testamentum parvitatis meae nullus successorum meorum violare praesumat. »

[2] « Anno DCCCCXLIV. Dominus Turpio episcopus obiit. » (Dans Pertz, *Monum. German. histor.*, SS, t. II. p. 251; dans Ph. Labbe, *Nova Bibliotheca mss.*, t. I, p. 333.) Les auteurs du *Gallia christiana* ont placé la mort de Turpin en 944, mais ils ont inscrit en marge : *alias 946* (t. II, col. 509). Le commencement de son successeur est incertain (*ibid.*, col. 510).

de rappeler que ce personnage administrait encore l'abbaye en 942, et que c'est là un fait admis comme certain et hors de discussion par Mabillon comme par les auteurs du *Gallia christiana* [1].

En résumé, de ce qui précède il résulte que le gouvernement d'Aimon remplit les années 936 à 942, et que notre charte a été faite entre ces deux années.

## IX

NOTE SUR LES DATES : 1° D'UNE NOTICE DU CARTULAIRE D'UZERCHE, CONTENANT UNE DONATION D'ALMODIS, VEUVE DU VICOMTE DE VENTADOUR, ÈBLES Ier; 2° DE LA MORT DE CE VICOMTE; 3° DE LA MORT DE GÉRALD Ier, ABBÉ D'UZERCHE [2].

La notice n° 414 du Cartulaire d'Uzerche, portant donation de la vicomtesse Almodis à ce monastère, n'est point datée : l'éditeur de ce document lui a donné la date approximative « *vers 1096* » [3]; il a pensé sans doute, et avec raison, que la vicomtesse y figurant seule, l'acte avait dû être fait après la mort du vicomte Èbles Ier. Or, Baluze a placé cet événement en 1096 [4], et il était naturel, dès lors, de mettre la donation de la veuve *vers la même année*.

Mais on peut, je crois, obtenir une notation plus précise, et pour l'acte dont il s'agit et pour l'époque de la mort d'Èbles Ier.

Le Cartulaire de Tulle contient une charte où le décès de ce dynaste est mentionné, et dans laquelle la vicomtesse Almodis figure seule avec ses fils. Or, cette charte est datée *expressément de 1095* [5]. A la vérité, l'année était alors, comme on sait, et resta jusqu'à l'édit royal de 1564, calculée, en Limousin, de Pâques à la Pâques suivante, et l'année 1095 (v. st.), partant du *25 mars*, se prolongeait jusqu'au *13 avril 1096* [6].

---

[1] T. II, col. 556.

[2] Voir ci-dessus, p. 51 et note 6.

[3] M. Champeval, *Bulletin de la Soc. des lettres, sciences et arts de la Corrèze*, ann. 1893, p. 157, note 3.

[4] *Histor. Tutel.*, p. 114.

[5] « Notum sit omnibus praesentibus et futuris quod villam de Tellivart, quam dedit nobis Rotberga vicecomitissa, annuente Bernardo filio suo, et quam auctorizaverunt Arcambaldus et Ebalus frater cum matre sua Almodi de Monberolff *ad obitum viri sui Ebali vicecomitis*, dedit nobis quidam miles nomine Petrus Rigaldus de Pradini, qui eam paterna hereditate requirebat, etc. Hoc autem fecit in praesenti capitulo Tutelensi, in manu domini Willelmi abbatis, anno ab incarnatione Domini MXCV, regnante Philippo rege, et Umbaldo episcopo in Lemovicensi sede. » Dans Baluze, *Histor. Tutel.*, Appendic., col. 435-436.

[6] Ces deux jours sont ceux où la fête de Pâques tombait respectivement dans les années 1095 et 1096.

D'un autre côté, Gérald I<sup>er</sup>, abbé d'Uzerche, sous le gouvernement duquel le monastère avait reçu la libéralité de la vicomtesse, est mort, suivant les auteurs du nouveau *Gallia christiana*, « en 1095 ou en 1096 [1] ». La date de 1095 est inadmissible par la double raison que ce personnage assistait au concile de Clermont d'Auvergne, qui eut lieu dans les deux derniers mois de cette année [2], et que nous savons par Geoffroi de Vigeois que l'abbé Gérald mourut à Limoges, le jour de la fête de Saint-Maur, laquelle se célèbre le 15 janvier [3].

En outre, le même chroniqueur dit expressément que l'administration de ce dignitaire dura vingt-huit ans [4], et comme elle avait commencé en 1068, le terme en arriva en 1096, c'est-à-dire, d'après le détail rappelé ci-dessus, le 15 janvier 1096.

De ce qui précède, nous sommes autorisé à conclure : 1° que le vicomte de Ventadour, Èbles I<sup>er</sup>, mourut, non en 1096, mais en 1095 ; 2° que l'abbé d'Uzerche, Gérald I<sup>er</sup>, mourut le 15 janvier 1096 ; 3° que la donation de la vicomtesse Almodis, attestée par la notice 414 du Cartulaire d'Uzerche, fut faite entre le 25 mars 1095 et le 15 janvier 1096, et suivant toutes les probabilités en 1095.


# X



NOTE SUR L'IDENTIFICATION DE LA VILLA PHILLIS,

MENTIONNÉE DANS UNE CHARTE DU CARTULAIRE DE TULLE, AVEC LE VILLAGE DE FELLIS,

COMMUNE D'EYBURIE (CORRÈZE) [5].


Au bas de la charte du x<sup>e</sup> siècle, qui contient la mention de la villa appelée *Phillis*, comme dépendant de la vicairie de Chamboulive, l'éditeur du Cartulaire de l'abbaye de Tulle a mis la note suivante : « *Phillis* pourrait bien être le village de *Filleul*, commune de Lonzac, ou ce dernier n'en être que le diminutif. Eyburie a

---

[1] T. II, col. 588.

[2] *Ibid.*, col. 587. Le concile s'ouvrit le 18 novembre 1095.

[3] « . . . Geraldus abbas Uzercensis, peractis in capella sua missarum solemniis, ipsa die Natalis Domini, pro quibusdam ecclesiae suae negotiis, Lemovicas devenit, decidit que in lecto aegritudinis causa, *et in festo sancti Mauri*, apud Sanctum Martialem, cujus quondam monachus extiterat, *spiritum exhalavit*. Sepultus vero est ab abbate et monachis in sacrario beati Petri, juxta ostium, ad dextram intrantibus claustrum. Hic viginti octo annis abbatiam propriam optime rexit. » Dans Philippe Labbe, *Nova Biblioth. mss.*, t. II, p. 295.

[4] « Hic 28 annis abbatiam propriam optime rexit. » *Ubi supra*.

[5] Voir ci-dessus, p. 57.

eu un village de *Fellis*, nommé en 1422 et situé entre Chambos et Chaleys; mais il ne nous satisfait pas quant à la vicairie [1]. »

Il est difficile d'admettre pour cette localisation *Filleul*, qui suppose l'existence d'un diminutif que rien n'autorise à substituer à *Phillis*, ni même à en rapprocher. Le *Fellis* du xv^e siècle, signalé par l'écrivain précité, parait, au contraire, convenir par la situation et par la forme de son vocable, d'autant plus que, pour son initiale, la diphtongue *Ph* et la lettre *F* étaient déjà indifféremment employées dans l'usage, comme le prouve le vocable du donateur de cette villa, « Rainaldus de *Fillinis* », lequel lui avait sans aucun doute emprunté son nom.

A la vérité, *Fellis* est en dehors des limites indiquées, sur ma carte du Limousin au moyen âge, pour la vicairie de Chamboulive, à laquelle appartient notre villa, et serait plutôt dans le champ de la vicairie d'Uzerche, qui y est contiguë. Mais il n'y a là rien qui doive surprendre. Les délimitations tracées sur ladite carte *d'après les documents alors connus*, sont évidemment sujettes aux rectifications commandées par les documents qui nous sont et nous seront encore révélés. En outre, comme je l'ai annoncé dans mes *Études de géographie historique* [2], sauf sur les points où l'abondance des éléments permettait des délimitations précises, elles ne sont qu'approximatives, et, sous ce rapport, rien ne s'oppose à l'identification de la villa *Phillis* du x^e siècle avec le *Fellis* du xv^e.

<h1 style="text-align:center">XI</h1>

NOTE SUR LA DATE DE LA CHARTE N° 406 DU CARTULAIRE DE TULLE [3].

Voici le texte de cette charte, qui a pour titre « Donum Stephani Gambeilz » :

« Ego Stephanus Gambeilz do villam de Sedeira, in vicaria Spaniacense... pro anima patris mei Ugonis et fratris mei Ebali. Signum Stephani Gambeilz, qui eleemosinariam istam fieri vel firmare rogavit, S. domni Bernardi, episcopi. S. Eboli, vicecomitis et uxoris suæ Beatricis. S. Willelmi. S. Archambaldi. S. Petro. S. Donadei [4]. »

Dans cet acte, dont la contexture n'offre rien qui caractérise la période féodale, la désignation d'une vicairie géographique des temps carolingiens aurait dû prémunir l'éditeur contre l'erreur où il est tombé en la datant des années 1219-1226. Il a été

---

[1] M. Champeval, dans le *Bull. de la Soc. scientif.*, etc., *de la Corrèze*, t. XVII, p. 458, note 2 et 3.

[2] Voir l'Introduction, p. 31.

[3] Voir ci-dessus, p. 58.

[4] Dans le *Bulletin de la Soc. scientifique, historique et archéologique de la Corrèze*, t. XIV, p. 535.

manifestement dirigé par la pensée que l'évêque Bernard, qui l'a souscrit, était l'évêque de Limoges premier du nom, qui siégea au plus tard en 1219, et il a vu, comme il le dit expressément, dans le vicomte Èbles qui y figure également avec son épouse Béatrix, Èbles V, vicomte de Ventadour. On se demande comment il n'a pas été détourné de cette dernière identification par le fait que ce dynaste n'a jamais eu pour femme une Béatrix, mais successivement Marie, fille d'Adémar V, vicomte de Limoges, et une autre Marie, sœur de Boson II, vicomte de Turenne. Il semble que nulle confusion n'était possible entre ce personnage et celui de la charte de Tulle.

La vérité est que : 1° l'évêque Bernard qui la souscrivit est Bernard II, évêque de Cahors, qui, intronisé en l'an 1001, prit, vers l'an 1020, à la suite de la mort de l'abbé Pierre, le gouvernement du monastère de Tulle, qu'il garda jusqu'à sa fin, laquelle survint en 1028 au plus tard[1]; 2° que le vicomte Èbles, de la même charte, est Èbles, vicomte de Comborn, qui succéda à son père Archambaud I<sup>er</sup> en l'an 1001 au plus tard, et eut pour première femme Béatrix, sœur de Richard, comte de Rouen, laquelle lui donna quatre fils et qu'il répudia au plus tard en 1026, car cet événement eut lieu du vivant du comte Richard, qui mourut cette année-là[2]. La présence de Béatrix et de deux de ses fils[3] à la donation d'Étienne Gambeilz prouve qu'elle a été faite avant la répudiation, c'est-à-dire avant l'expiration de l'année 1026. Sa date se trouve conséquemment resserrée entre cette année et l'an 1020, où l'évêque Bernard avait pris la direction de l'abbaye de Tulle.

<h2 style="text-align:center">XII</h2>

AU SUJET DE PRÉTENDUES VICAIRIES QUI AURAIENT ÉTÉ OMISES DANS NOTRE MÉMOIRE<br>DE 1857.

1° *La prétendue vicairie de* Celom, *aujourd'hui Salons-la-Tour* [4].

Le Cartulaire de l'abbaye de Vigeois contient la mention, tantôt d'un personnage qualifié *vicarius de Celom*, tantôt de plusieurs frères portant, dans le même acte, le titre de *vicarii Celomenses* [5]. En publiant ce recueil de chartes, dont il existait

---

[1] Baluze, *Histor. Tutel.*, p. 90-91. Cf. le *Nouv. Gallia christ.*, t. II, col. 663-664. Ce prélat fut abbé de Tulle, le troisième du nom de Bernard.

[2] *Ibid.*, p. 126-127.

[3] Archambaud, qui devint, à la mort de son père, vicomte de Comborn, et Gillaume, qui fut vicomte de Turenne.

[4] Commune dependante du canton d'U-zerche, arrondissement de Tulle ( )Corrèze).

[5] Voir dans le *Bulletin de la Société archéol. et histor. du Limousin*, t. XXXIX, année 1890 ;

plusieurs copies et où j'avais moi-même puisé d'intéressants renseignements, M. Henri de Montégut a conclu des qualificatifs précités qu'il avait existé une vicairie de *Celom* (Salons), qui aurait, dit-il, échappé à mes recherches et serait restée inconnue de tous ceux qui se sont occupés de la géographie ancienne du Limousin [1]. L'honorable éditeur a commis en cela une erreur.

D'une part, il n'a été jusqu'ici découvert aucune mention d'une *vicaria Celomensis* (et cela suffirait pour en empêcher l'inscription dans une liste des vicairies géographiques); d'autre part, les actes où se trouvent les vicaires de *Celom*, et qui m'étaient d'ailleurs parfaitement connus, appartiennent au xii^e siècle [2]. Or, à cette époque, les circonscriptions administratives et judiciaires de vicaires et de centeniers, lieutenants du comte, constatées dès le commencement du ix^e siècle et si souvent mentionnées aux ix^e, x^e et xi^e siècles, avaient entièrement disparu. Le *vicarius* n'était plus un officier public, mais un agent purement féodal, institué par le seigneur du lieu pour rendre la justice en son nom, et percevoir, pour lui, les redevances sur une partie de ses domaines.

Désormais le mot *vicaria*, dans *l'ordre laïque* [3], n'a plus le sens géographique de la vicairie carolingienne, et exprime tantôt le pouvoir de l'agent féodal, tantôt le droit de collation de son office, tantôt l'ensemble des redevances et des droits fiscaux qui y étaient attachés [4].

1° les chartes LIX, CXVIII et CCCXIII du Cartulaire de Vigeois; 2° les chartes CX, CXXXV et CCXXXI du même Cartulaire.

[1] *Ibid.*, p. 36, note 4; p. 65, note 3; p. 83, note 5; p. 164, note 5.

[2] Les chartes LIX, CX, CXVIII et CXXXI doivent recevoir les dates de 1102 à 1110, par la raison que le seul élément sérieux qui existe pour les dates est la mention de la présence de Pierre III, abbé de Vigeois; le commencement et la fin de son abbatiat sont inconnus, et les actes où on le trouve en fonction sont de 1102 et de 1110 (*Nov. Gallia christ.*, t. II, col. 594). La charte CCCXIII se place entre les deux limites du règne du pape Innocent II, c'est-à-dire entre 1138 et 1143. M. de Montégut a indiqué d'autres dates qui ne sont pas justifiées; quant à la charte CCXXXI, elle est sans date d'après M. de Montégut; et en effet, il n'y a aucun moyen de lui en assigner une.

[3] Je dis *dans l'ordre laïque*, parce que ce terme avait, dans *l'ordre ecclésiastique*, une tout autre signification, que nous indiquons ci-dessous, à propos de la prétendue vicairie de Saint-Germain.

[4] C'est dans ce sens que Geoffroi de Vigeois parle : 1° de la *vicaria de terre* (du château) de Limoges, que le vicomte tenait en fief de l'abbé de Saint-Martial (*Chronic.*, pars secunda, § 8, dans Ph. Labb., *Nova Bibliotheca mss.*, t. II, p. 333); 2° de la *vicaria Vosiensis*, vicairie de Vigeois, dont la moitié fut, dit-il, cédée à l'abbaye de Vigeois par Gérand de Bernard, fils de Bernard de Bré : « Medietatem de tota vicaria Vosiensi » (*ibid.*, pars prima, § 18, p. 788), ce qui s'entend du droit de justice dans le bourg de Vigeois ou plus vraisemblablement des redevances qui y étaient attachées.

J'ai dit plus haut qu'on n'a jusqu'ici rencontré aucune mention d'une vicairie géographique dont *Celom* (Salons-la-Tour) aurait été le chef-lieu. Il convient d'a-jouter que cette localité était englobée dans la vicairie d'Uzerche, aux ix^e, x^e et xi^e siècles, et que, dès lors, on peut affirmer qu'à aucun moment elle n'a pu être le centre d'une vicairie particulière.

2° *Une prétendue vicairie de Saint-Germain (Saint-Germain-sur-Vienne)* [1].

On a proposé, en termes très sommaires, d'ajouter à notre liste une vicairie de Saint-Germain-sur-Vienne, mentionnée dans le Cartulaire de Lesterp, et qui serait restée inaperçue de moi [2].

L'acte dudit Cartulaire auquel il est fait allusion a été imprimé dans le nouveau *Gallia christiana*, parmi les *instrumenta* du diocèse de Limoges [3], et il m'était fort bien connu depuis longtemps; mais j'avais laissé en dehors de ma liste la *vicaria Sancti Germani*, qui y est mentionnée, pour deux raisons péremptoires, auxquelles l'auteur de ladite proposition n'a point songé.

La première, c'est que l'acte dont il s'agit est de 1102, et qu'au xii^e siècle, ainsi que je l'ai exposé ci-dessus à propos d'une prétendue vicairie de *Celom* (Sa-lons), les vicairies géographiques des temps carolingiens, circonscriptions d'offi-ciers publics, lieutenants du comte, avaient entièrement disparu.

La seconde raison, c'est que la *vicaria Sancti Germani* était une *vicairie ecclésias-tique*, dépendante d'une église paroissiale. « Il faut se garder, disais-je dans l'ouvrage précité, de confondre la vicairie administrative avec la vicairie ecclésiastique, qui se présente quelquefois sous une forme analogue. Nous citerons, en Limousin, la *vicaria Sancti Germani* (vicairie de Saint-Germain) qui est de 1102 [4]. » Or, tel est bien le caractère de celle-ci, d'après les termes mêmes du document qu'on a invoqué. On y lit, en effet, qu'un personnage nommé *Ugo de la Vilata*, qui s'était indûment emparé d'un immeuble appartenant à l'abbaye de Lesterp, le lui res-titua, en reconnaissant son méfait, « *super altare qui est in vicaria Sancti Germani, in parrochia de Azac* », « *sur l'autel* qui est *dans la vicairie de Saint-Germain*, paroisse d'Abzac », c'est-à-dire dans la succursale de la paroisse d'Abzac, située à Saint-Ger-main.

---

[1] Saint-Germain est une commune dépen-dante des canton et arrondissement de Confo-lens (Charente).

[2] M. Champeval, dans le *Bulletin de la Soc. archéol. et histor. de la Corrèze*, t. XVIII, an-née 1896, p. 80, note 1.

[3] *Nov. Gall. christ.*, t. II, instr., col. 195.

[4] *Études sur la géogr. histor.*, etc., p. 283. Et je reproduisais, en note, le passage rapporté plus bas. On voit que, loin d'avoir été « in-aperçu », il avait attiré particulièrement mon attention.

3° *Une prétendue vicairie d'Arcamacer, de Larche (Corrèze)* [1].

Il a été fait mention [2] d'une vicairie nommée *Arcamacer*, dont Larche aurait été le chef-lieu, « Larche qui semble, dit-on, avoir été alternativement en Périgord et en Limousin d'après M. de Gourgues. Mais ce mot *Arcamacer*, ajoute-t-on, paraît être une erreur de lecture pour *Arcaniaco* « Archignac », qui fut vicairie en Périgord noir, suivant une rectification de M. Aug. Longnon; cependant, nous avons trouvé *Area Sola* [3]. »

Je montrerai tout d'abord qu'il n'y a ni dans le Cartulaire de Vigeois, ni autre part, aucune mention d'une *vicaria Arcamacer*, pas plus en Limousin qu'en Périgord.

Le Cartulaire de la célèbre abbaye, publié en 1890 d'après le manuscrit original [4], et qu'il eût été si naturel de consulter, aurait épargné à ceux qui ont écrit depuis sur ce sujet les incertitudes qu'ils ont manifestées. Ce cartulaire nous fait connaître la véritable leçon du passage cité : on lit dans la charte IX, qui se place entre 954 et 986, qu'il est fait donation audit monastère d'un manse situé « in pago Petragoricensi, in vicaria *Arcaniacense*, in villa que dicitur Lodorniac dell Albuga [5] »: c'est-à-dire dans le pays du Périgord, dans la *vicairie d'Archignac*, en la villa de Ladornac. Cette restitution, conforme aux prévisions de mon savant confrère M. Longnon, coupe court à toutes vaines hypothèses.

Je pourrais m'arrêter là; mais puisque, à ce propos, il a été articulé certains faits historiques inexacts, je crois devoir consigner ici quelques rectifications qui ne seront pas sans utilité :

1° La *vicaria Arcamacer* étant mentionnée par M. de Gourgues d'après un passage du Cartulaire de Vigeois où il est dit qu'elle est située en Périgord, *in pago Petragorico*, et cette mention étant unique, il serait bien impossible de la placer en Limousin et de la comprendre, même conjecturalement, parmi les vicairies de ce pays.

2° Larche n'a pas été alternativement en Périgord et en Limousin. Cette localité, probablement d'origine romaine [6], est une paroisse de l'ancien diocèse de Limoges,

---

[1] Larche, chef-lieu de canton dans l'arrondissement de Brive.

[2] Par M. de Gourgues (*Dictionn. topogr. de la Dordogne*, Introd., p. xxxiv), et plus récemment par M. Champeval (*Bulletin de la Société scientifique*, etc., *de la Corrèze*, t. XVIII, p. 82).

[3] *Ubi supra*.

[4] Par M. de Montégut, dans le *Bulletin de la Soc. archéol. et histor. du Limousin*, t. XXXIX.

[5] *Ubi supra*, p. 8.

[6] Voir un mémoire de M. Limousin, ingénieur des ponts et chaussées, sur les ruines d'un hypocauste et d'un établissement thermal, découvertes en 1833 dans le village de la Rioche, voisin de Larche (*Mém. de la Soc. des Antiquaires de France*, ann. 1849, nouv. sér., t. IX, p. 398).

archiprêtré de Brive, inscrite à ce titre dans un pouillé déjà cité, antérieur à 1312, dans le compte des décimes de 1516 et dans les pouillés des xviie et xviiie siècles.

Notons, comme contre-épreuve, que cette paroisse ne figure dans aucun des pouillés du diocèse de Périgueux publiés par M. de Gourgues, et dont l'un serait antérieur au xiiie siècle [1]; un autre moins ancien, mais antérieur à 1322 [2]; enfin un troisième de 1382 [3].

3° « Larche était, dit M. de Gourgues, une châtellenie du Périgord, quoique alors le château fût en Limousin, selon ce que porte la bulle d'érection du siège de Tulle : (castrum de Larcha quod est in Lemovicino). La situation en Périgord de toutes les paroisses de cette châtellenie et le texte de cette vicairie peuvent faire présumer qu'originairement Larche dépendait du Périgord. « Est-ce Archignac ? Archignac est nommé *Archanou* en 1158 [4], et cette forme se rapproche du nom *Arcamacer* [5]. »

Les agglomérations et les districts purement féodaux, tels que les châtellenies, qui se formèrent à partir du xie et surtout du xiie siècle, n'avaient aucun rapport avec les circonscriptions administratives et judiciaires du haut moyen âge et en particulier avec les vicairies et les centaines des temps carolingiens [6].

Les châtellenies s'établissaient, s'accroissaient, diminuaient, ou même disparaissaient suivant les hasards des guerres, des mariages, des hérédités, des donations, des ventes et des échanges, sans qu'il fût tenu aucun compte de précédents historiques, ecclésiastiques ou laïques. L'état des possessions de la châtellenie de Larche est donc sans intérêt dans la question.

En fait, il est inexact de dire que ces possessions fussent toutes en Périgord : il y en avait aussi en Limousin.

En tout cas, le château de Larche [7] était incontestablement, comme son église, en Limousin; comprendrait-on que le chef-lieu d'une vicairie qui en portait le nom fût en Limousin, tandis que la vicairie aurait été en Périgord?

---

[1] *Noms anciens de lieux du département de la Dordogne*, Bordeaux, 1861, p. 91.

[2] *Ibid.*, p. 97.

[3] *Ibid.*, p. 98.

[4] Archives de l'abbaye de Saint-Amand-de-Coly.

[5] *Dictionn. topogr. de la Dordogne*, Introd., p. xxxix-xl.

[6] M. de Gourgues les qualifie de *mérovingiennes!* (*ubi supra*, p. xl); et il n'est malheureusement pas possible de voir là un *lapsus calami*, car il emploie le même qualificatif dans la rubrique du paragraphe (p. xxxviii).

[7] C'est bien à tort que M. de Gourgues a énoncé que le *castrum* de Larche figurait dans la bulle d'érection du siège épiscopal de Tulle. Ni cette bulle, datée de 1317 (Baluze, *Histor. Tutel.*, col. 624-626; *Nov. Gall. christ.*, t. II, instrum., col. 210-211), ni la bulle de 1318, portant délimitation du nouveau diocèse (Baluze, *ibid.*, col. 629-632), ne contiennent la mention de Larche : il n'y avait d'ailleurs nulle raison d'en parler, puisqu'il restait dans le diocèse de Limoges, archiprêtré de Brive.

Larche n'a jamais eu le nom d'*Arcamacer*; il a été appelé *Arca*, *Archa*, *Archa Sola* ou *Archia Sola* [1], vocables motivés assurément par la présence, sur ce point, d'un pont ancien sur la Vézère, formé d'une seule arche.

## XIII

### AU SUJET DE VICAIRIES QUI AURAIENT ÉTÉ, À TORT, COMPRISES DANS LA DESCRIPTION DE 1857.

1° La *vicaria Rofiacensis*, vicairie de Rouffiac (Cantal) [2].

On a mis en doute la position, dans le Limousin, de Rouffiac et de la vicairie dont il était le chef-lieu [3].

La charte CLX du Cartulaire de Beaulieu, datée de 917, contient donation à l'abbaye de nombreux manses en pays limousin, dans les vicairies de Rouffiac, Le Vert et Puy d'Arnac : l'énumération des biens donnés commence ainsi : « Hoc est mansos meos, qui sunt *in pago Lemovicino*, *in vicaria Rofiacensi*, villa quae dicitur Septem Arbores, etc. » [4]. Voilà, je pense, une énonciation fort nette : notons aussi que les deux autres vicairies, Le Vert et Puy d'Arnac, sont indiscutablement limousines.

Ch. CLXIV : autre donation dans les vicairies de Rouffiac, d'Argentat et de Puy d'Arnac [5], sans désignation du *pagus* limousin et qui laisse entière celle de la charte CLX, et où de plus on voit aussi associées à la vicairie de Rouffiac deux vicairies incontestablement limousines.

Ch. LII : A la suite de l'énumération de biens donnés au monastère, il est dit qu'ils sont « *in pago Lemovicino*, in vicaria Rofiacensi sive Exidense [6] ». Il est impossible de distinguer quels sont ceux de ces biens qui appartiennent à la vicairie de Rouffiac ou à la *vicaria Exidensis*; et c'est pourquoi nous nous sommes abstenu d'en mentionner aucun parmi les dépendances de la vicairie de Rouffiac [7]. Mais il reste un fait attesté par la charte, à savoir que cette vicairie était *in pago Lemovicino*, et c'est cela que l'on cherche à mettre en question.

[1] Ch. an. 1179: mss., Biblioth. nat., fonds latin, n° 17116, p. 417. — *Ibid.*, n° 17118, p. 540. — Ch. an. 1452: *ibid.*, p. 387. — An. 1251, dans Justel, *Généalogie de la maison de Turenne*, p. 53. — An. 1289, *ibid.*, p. 48.

[2] Commune dépendante du canton de Laroquebrou, arrondissement d'Aurillac.

[3] *Bulletin de la Soc. scientifique*, etc., *de la Corrèze*, t. XVIII, p. 68-69.

[4] *Cartul. de Beaulieu*, p. 222.

[5] *Ibid.*, p. 227-228.

[6] *Ibid.*, p. 95-96.

[7] Voir mes *Études de géographie historique*, p. 350.

Je ne crois pas qu'il puisse y avoir un doute sur ce point dans l'esprit des personnes exemptes de parti pris.

Étant prouvé que la vicairie de Rouffiac était en Limousin, il s'ensuit nécessairement que le *Rofiacense* (*territorium*), c'est-à-dire le petit pays de Rouffiac, mentionné dans une charte du Cartulaire de Saint-Hugues de Cluny (circà 1076)[1], en faisait aussi partie[2].

2° *Vicaria de Selabunac*, la vicairie de Grand-Bourg-Salagnac[3].

On a nié l'existence de ce district[4], sans fournir d'ailleurs aucune preuve à l'appui de cette dénégation.

Je n'ai donc qu'à reproduire le texte de la charte du Graduel de Saint-Martial de Limoges, où j'ai recueilli la mention de la vicairie dont il s'agit :

« Carta de Cruce et Ainardi fratris ejus, de terra de Cruce. [Concesserunt in] *vicaria de Selabunac*, unum mansum et unum carterium de alio manso. . .[5]. »

3° Vicairie à laquelle j'aurais donné pour chef-lieu Dun-le-Palleteau.

On a prétendu que j'avais compris parmi les vicairies du Limousin une vicairie « de Dun-le-Palleteau (Creuse), ce qui s'applique, ajoute-t-on, à Dun-le-Roi en Berri »[6].

Je n'ai nulle part, en aucun temps, parlé d'une « vicairie de Dun-le-Palleteau »; on la chercherait vainement sur la liste de quarante-cinq vicairies limousines, con-

---

[1] Voir mes *Études de géogr. histor.*, etc., p. 157-158; et le *Cartulaire de Beaulieu*, Introd., p. xxv, note, col. 2.

[2] A propos de la position de Rouffiac et du petit pays auquel il a donné son nom, l'écrivain dont je viens d'apprécier les observations a reproduit, avec approbation, la remarque faite, *en 1859*, que j'indiquais peu mes sources en renvoyant mes lecteurs aux manuscrits de la Bibliothèque nationale. Mais il n'a pas pris garde que cette remarque visait l'Introduction au Cartulaire de Beaulieu, où je m'étais borné à donner une simple énumération des *pagi* et des vicairies, en annonçant (p. clxiv, note 2) « qu'on trouverait une description détaillée de ces districts et une nomenclature des localités contenues dans chacun d'eux, dans mes *Études sur la géographie historique de la Gaule au moyen*

âge ». Ces *Études* ont paru dans le recueil des *Mém. de l'Acad. des inscr.* (Savants étrangers), de 1861 à 1864, et elles renferment les détails et les justifications les plus précises. La note précitée aurait dû prévenir la remarque faite en 1859 : mais que faut-il penser de celle qui se produit en 1896, *trente-deux ans* après la publication desdites *Études?*

[3] Chef-lieu de canton, arrondissement de Guéret (Creuse).

[4] M. Champeval, *Bull. de la Soc. scientif., histor. et archéol. de la Corrèze*, t. XVIII, p. 80, note 1.

[5] Mss., Biblioth. nat., fonds latin, n° 1993, fol. ult. Ce titre étant daté de 1096, nous avons là l'exemple de *vicairie géographique* le plus récent qui nous soit connu.

[6] M. Champeval, *loc. cit.*, p. 80, note 1.

tenue dans l'Introduction au Cartulaire de Beaulieu, ou dans la description détaillée que contiennent mes *Études de géographie historique de 1857.*

Je n'ai donc pas à justifier des énonciations ou même des hypothèses que je n'ai jamais formulées.

## XIV

### LISTE COMPLÈTE, À CE JOUR, DES *PAGI*, VICAIRIES ET CENTAINES DU LIMOUSIN.

NOTA. — Les noms des divisions territoriales qui ne figuraient pas dans mes *Études de géographie historique* de 1857, sont imprimés en petites capitales. Quant à la situation des localités et de leur rang dans l'organisation administrative actuelle, commune, canton, arrondissement et département), voir ci-dessous la Table des noms de lieux et des divisions mentionnés dans le présent mémoire.

1° Les *pagi*.

#### A. PAGI ANTÉRIEURS AU XII° SIÈCLE.

*Andecamalenses*, peuplade et pays de Rançon;

*Asnacensis* (*pagus*), pays de Puy-d'Arnac;

*Biaenas* (*pagus*), pays de Beynat;

*Brivensis* (*pagus*), *Brivesium*, pays de Brive;

BURGOLIUS (*PAGUS*), pays de Saint-Dizier (?);

*Cambovicenses*, *Combralia*, pays de Chambon ou de Combraille;

*Cambolivensis* (*pagus*), pays de Chamboulive;

*Exandonensis* (*pagus*), pays d'Yssandon;

*Juconciacus* ou *Jocondiacus* (*pagus*), pays de Juconciac ou Jocondiac, aujourd'hui le Palais;

*Leucorum* (*pagus*), *Legora* ou *Ligora*, pays de Châlus et de Ligoure;

*Montana* (*regio* ou *pagus de la*), pays de la Montagne;

*Nigermontensis* (*pagus*), pays de Saint-Georges-Nigremont;

*Rofiacense* (*territorium*), pays de Rouffiac;

*Santria*, pays de la Xaintrie;

*Sollemniacensis* ou *Solempniacensis* (*ager*), pays de Solignac;

*Torinensis* ou *Tornensis* (*pagus*), pays de Turenne;

*Usercensis* (*pagus*), pays d'Uzerche;

*Vallarensis* ou *Vallariensis* (*pagus*), pays de Vallières.

*Dunensis* ou *Dunezus* (*pagus*), le Dunois ou pays de Dun-le-Palleteau ;
*Waractensis* ou *Garactensis* (*pagus*), le Guérétois ou pays de Guéret ;
*Magnacensis* (*pagus*), le Magnazeix ou pays de Magnac-Laval ;
*Nantronensis*, *Nuntronensis* ou *Nontronensis* (*pagus*), le Nontronnais ou pays de
Nontron ;

2° Les vicairies :

*Adecia* (*vicaria*), vicairie d'Esse ;
*Altiliacensis* (*vic.*), vic. d'Altillac ;
*Argentadensis* (*vic.*), vic. d'Argentat ;
*Asnacensis* (*vic.*), vic. de Puy-d'Arnac ;
*Auriacensis* (*vic.*), vic. d'Auriac ;
*Axia* ou *Axa* (*vic. de*), vic. d'Aixe ;
*Barrensis* (*vic.*), vic. de Bar ;
*Beennatensis* (*vic.*), vic. de Beynat ;
Briliacensis (*vic.*), vic. de Brillac ;
*Brivensis* (*vic.*), vic. de Brive ;
*Cabanensis* (*vic.*), vic. de Chabanais ;
*Cambolivensis* (*vic.*), vic. de Chamboulive ;
*Carvicensis, de Chervic* ou *de Chervix* (*vic.*), vic. de Chervix ;
*Cassanommensis* (*vic.*), vic. de Chassenon ;
*Castelli* (*vic.*), vic. de Chasteaux ;
*Cosaticus* ou *de Cosatico, Quossaticus* ou *de Quossatico* (*vic.*), vic. de Cousages ;
*Cursiacensis* (*vic.*), vic. de Cursac ;
*Daraciacensis* (*vic.*), vic. de Darazac ;
*Exandonensis* (*vic.*), vic. d'Yssandon ;
*Faisco* ou *Faix* (*vic. de*), vic. de Feix-Fayte ;
*Faurcensis* ou *Spaniacensis* (*vic.*), vic. de Forgès ou d'Espagnac ;
*Firciacensis* (*vic.*), vic. de Fursac ;
*Flaviniacensis* (*vic.*), vic. de Flavignac ;
*Juliacus* ou *de Juliaco* (*vic.*), vic. de Juillac ;
*Lemovicensis* (*vic.*), vic. de Limoges ;
*Luperciacensis* (*vic.*), vic. de Lubersac ;

Mansiacensis ou Mansiensis (vic.), vic. de Meuzac;

Nantiacensis (vic.), vic. de Nantiat;

Navensis (vic.), vic. de Naves;

Nigromonte (vic. de), vic. de Saint-Georges-Nigremont;

Nobiliacensis (vic.), vic. de Noblat, et plus tard de Saint-Léonard-de-Noblat;

Nontron (vic. de), vic. de Nontron [1];

Padriacensis ou Pariacensis (vic.), vic. de Peyrat;

Padriliacensis (vic.), vic. de Peyrilhac;

Perpeciacus (vic.), vic. de Perpezac-le-Blanc;

Petrucia ou Perucia (vic.), vic. de Lapéruse ou mieux La Péruse;

Quossaticus ou de Quossatico, ou Cosaticus (vic.). Voir Cosaticus.

Rofiacensis (vic.), vic. de Rouffiac;

Rosuriensis ou Rosariensis (vic.), vic. de Rosiers;

Salliacensis (vic.), vic. de Seilhac;

Saornacensis (vic.), vic. de Sornac;

Sancti Iuliani (vic.), vic. de Saint-Julien-aux-Bois;

Sancti Privati (vic.), vic. de Saint-Privat;

Sariacensis ou Seriacensis (vic.). Voir Seriacensis (vic.);

Selabunac (vic. de), vic. de Grand-Bourg-Salagnac;

Seriacensis ou Sariacensis (vic.), vic. de Sérilhac;

Spaniacensis (vic.), vic. d'Espagnac; on trouve aussi Spaniacensis seu Faurcensis, vic. d'Espagnac ou de Forgès;

Tarnacensis ou Tarnensis (vic.), vic. de Tarnac [2];

Torinensis, Tornensis ou de Torinna (vic.), vic. de Turenne;

Trainiacensis (vic.), vic. de Treignac;

Usercensis (vic.), vic. d'Uzerche;

Vallarensis (vic.), vic. de Vallières;

Vertedensis (vic.), vic. de Le Vert [3].


3° Les centaines :

Nantronensis ou Nuntronensis (centena), centaine de Nontron;

Tarnacensis ou Tarnensis (cent.), cent. de Tarnac;

[1] Nontron a été aussi le chef-lieu d'une centaine.

[2] Tarnac était, en même temps, le chef-lieu d'une centaine.

[3] Le Vert était, en même temps, le chef-lieu d'une centaine. Voir, sur la valeur des termes de vicairie et de centaine, ce que nous avons dit plus haut, p. 46.

*Vertedensis (cent.)*, cent. de Le Vert [1];

*Vinogilum* ou *de Vinogilo (cent.)*, cent. de Vignols.


## XV

NOTE EXPLICATIVE SUR LA NOUVELLE CARTE DU *PAGUS* OU *ORBIS LEMOVICINUS* ET DE SES DIVISIONS TERRITORIALES AUX IXe, X[e] ET XIe SIÈCLES, JOINTE AU PRÉSENT MÉMOIRE.


Cette carte reproduit la configuration du *pagus Lemovicinus*, avec les limites que je lui ai données sur celle qui est jointe au Cartulaire de l'abbaye de Beaulieu et à mon mémoire de 1857. Elle reproduit aussi les noms des divisions territoriales décrites dans le même ouvrage [2], et auxquelles j'ai ajouté : 1° les vicairies découvertes depuis cette époque; 2° leurs dépendances; 3° les centres de population contenus dans des vicairies précédemment décrites, et que de récentes publications nous ont fait connaître; 4° le *pagus Burgolius* (de Saint-Dizier?) révélé par une charte de l'abbaye de Saint-Martial de Limoges, et qui remplace, sous le n° XVIII, le *pagus Betrivus* de la précédente carte.

L'intrusion de neuf vicairies venant se placer chacune entre deux ou trois vicairies anciennes, et de dépendances de vicairies déjà connues, a rendu nécessairement impossible le maintien des limites que j'avais marquées (approximativement d'ailleurs sur beaucoup de points [3]), en publiant ma précédente carte; et je renonce à en tracer d'autres, qui seraient fort probablement exposées à un sort pareil.

En dehors des éléments que je viens de définir, j'ai conservé ou inscrit sur ma nouvelle carte les centres de population compris dans les catégories suivantes [4] :

1° Ceux qui datent de la domination romaine, et ceux de l'époque visigothique ou mérovingienne, dont les noms figurent sur les monnaies ou dans des documents écrits;

2° Ceux qui furent en possession d'une abbaye, d'un chapitre de chanoines, d'un prieuré important, d'une cella, d'un oratoire, ou dont le nom fut le titre officiel

---

[1] Nontron, Tarnac et le Vert étaient, en même temps, chefs-lieux de vicairie.

[2] Sauf le *pagus Betrivus* et la *vicaria Pardaniacus*, que j'avais mentionnés (avec de grands doutes et les plus expresses réserves), et que j'ai définitivement retranchés de mes listes pour les restituer au Berry.

[3] Ainsi que je l'annonçais dans l'édition du *Cartulaire de Beaulieu*, p. 388.

[4] J'aurais désiré pouvoir y faire figurer *toutes* les localités inscrites sur ma précédente carte; mais j'ai dû y renoncer parce qu'il aurait fallu, pour cela, augmenter les dimensions, déjà bien grandes, de ce document.

8.

d'un archiprêtré de l'ancien diocèse[1]; ici il faut mettre hors de pair *Tutela*, la riche abbaye, érigée en évêché en 1317, et son antique *castrum*, berceau de la ville qui, d'après des actes authentiques, fut, dès le haut moyen âge, dans la période féodale et sous l'ancienne monarchie, la *ville principale et capitale du Bas-Limousin*, suivant les termes formels d'édits de Charles IX et de Louis XIV [2];

3° Les localités où grandirent d'illustres et puissantes familles, telles que les Comborn, les Turenne, les Ségur, les d'Aubusson, les Ventadour, les Lastours, les Des Cars, les Rochechouart, les Mortemart, les Noailles, dont les noms sont étroitement liés à l'histoire limousine;

4° Celles qui présentent un intérêt spécial pour l'étude des antiquités de la province, telles que *Petra ficta*, *Petra levata*, *Petra lata*, *Alta faga*, *La Fa*, *Domus fagina*, *Ad illa Strada*, etc.;

5° Notons enfin deux additions importantes à ma première carte.

J'avais marqué sur celle-ci la place de la Marche limousine des x$^e$ et xi$^e$ siècles. J'indique aujourd'hui, d'une façon sommaire, le champ occupé par la Marche limousine après son extension vers l'est, quand elle comprenait, à la fin du xii$^e$ siècle, avec la Basse-Marche (qui correspondait à la Marche primitive) et ses deux villes principales (Bellac et le Dorat), le territoire de la Haute-Marche, dont Guéret était le chef-lieu.

J'ai jugé à propos de tracer aussi sommairement les limites communes du Haut-Limousin et du Bas-Limousin, lequel, au moyen âge, était désigné par les mots *Bassa patria* [3], et dont Tulle, *Tutela*, fut toujours la capitale, ainsi qu'il a été dit plus haut.

Quant à une délimitation, au moins approximative, de la Marche limousine primitive, et plus tard de la Haute et de la Basse-Marche, comme aussi du bas pays du Limousin, je renvoie le lecteur aux détails contenus dans mon mémoire de 1857, souvent cité [4].

---

[1] Le nombre et les titres officiels de ces divisions ecclésiastiques, quoi qu'en ait dit un écrivain insuffisamment documenté, n'ont jamais varié, même après que l'évêché de Tulle eut été distrait, en 1317-1318, du vaste diocèse de Limoges. Cet événement important eut seulement pour effet de réduire l'étendue de quatre archiprêtrés : Vigeois, Gimel, Brivezac et Brive.

[2] Voir, à ce sujet, les preuves exposées dans mes *Études de géographie historique, etc.*, p. 432-435.

[3] Voir dans les *Études* précitées *de géogr. histor., etc.*, p. 429.

[4] *Op. cit.*, p. 408 et suiv. pour la Marche primitive, p. 412 pour la Basse-Marche, p. 430 et suiv. pour le Bas-Limousin.

# TABLE ALPHABÉTIQUE

### DES NOMS DE LIEUX ET DES DIVISIONS TERRITORIALES

#### MENTIONNÉS DANS LE PRÉSENT MÉMOIRE.

*Biaenas* (*Pagus*), p. 80; *Beennatensis* (*Vicaria*), p. 81. — Beynat, chef-lieu de canton, arrond. de Brive (Corrèze).

*Birbiniacus, locus;* lieu inconnu de la centaine de Nontron (*Nantronensis*), p. 46, note 3.

*Bituricus* (*Pagus*); le Berri, p. 39.

*Bociniacus, villa;* Boussignac, village de la commune de Sainte-Fortunade, canton et arrondissement de Tulle (Corrèze), p. 57.

*Boissa* (*A*), *villa;* Boisse, village, c<sup>ne</sup> et canton de Treignac, arrond. de Tulle (Corrèze), p. 51.

*Borgul* (*Bernadas de*), p. 35; localité appelée antérieurement *Burgolius*, plus tard *Sanctus Desiderius* (?), actuellement Saint-Dizier, des cant. et arrond. de Bourganeuf.

*Born, villa;* Bort, village de la commune de Saint-Salvadour, canton de Seilhac, arrond. de Tulle (Corrèze), p. 53.

*Boscaironi, villa;* Boisrond ou mieux Boisron, village de la commune de Flavignac, cant. de Châlus, arrond. de Saint-Yrieix (Haute-Vienne), p. 56.

*Briliacensis* (*Vicaria*); vicairie de Brillac, c<sup>ne</sup> dans les canton et arrondissement de Confolens (Charente), p. 42.

*Brivensis* (*Pagus*) ou *Brivesium,* p. 80; (*Vicaria*), p. 53 et 81; pays et vicairie de Brive, chef-lieu d'arrondissement (Corrèze).

*Brolium, villa;* Breuil (Le), village de la commune de Peyrat, cant. et arrondissement de Bellac (Haute-Vienne), p. 57.

*Burgolius* (*Pagus*), p. 33 et 80. *Burgolio* (*Vineae de*), p. 35; pays et vignes de Saint-Dizier? — Saint-Dizier, c<sup>er</sup> des canton et arrondissement de Bourganeuf (Creuse).

*Burgus,* p. 55; Magnac-Bourg (?), c<sup>ne</sup> de l'arrondissement de Saint-Yrieix (Haute-Vienne).

*Cabanensis* (*Vicaria*); vicairie de Chabanais, chef-lieu de canton, arrond. de Confolens (Charente), p. 81.

*Cambovicenses, Combralia;* pays de Chambon ou de Combraille. — Le chef-lieu de ce pays fut, dans le haut moyen âge, Chambon, chef-lieu d'arrondissement (Creuse), p. 80.

*Cambolivensis* (*Pagus*), p. 80; (*Vicaria*), p. 54 et 81, pays et vicairie de Chamboulive. — Chamboulive, c<sup>ne</sup> du canton de Seilhac, arrond. de Tulle (Corrèze).

*Campaniacus, villa;* Champagnac, village de la commune de Cosnac, canton et arrondissement de Brive (Corrèze), p. 54.

*Cannacus, villa;* Chanac, c<sup>ne</sup> du canton-sud de Tulle (Corrèze), p. 57.

*Carvicensis, de Chervic ou de Chervix* (*Vicaria*); vicairie de Chervix, c<sup>ne</sup> et canton de Saint-Germain, arrond. de Saint-Yrieix (Haute-Vienne), p. 81.

*Cassania, villa;* la Chassagne, village de la commune de Chamboulive, cant. de Seilhac, arrond. de Tulle (Corrèze), p. 54.

*Cassanomensis* (*Vicaria*); vicairie de Chassenon, c<sup>ne</sup> du canton de Chabanais, arrond. de Confolens (Charente), p. 81.

*Castanedum, villa;* Châtenet, hameau dans la commune de Compreignac, cant. de Nantiat, arrond. de Bellac (Haute-Vienne), p. 44.

*Castelli* (*Vicaria*); vicairie de Chasteaux, c<sup>ne</sup> du canton de Larche, arrond. de Brive (Corrèze), p. 81.

*Celom* (Une prétendue vicairie de); Salons-la-Tour, canton d'Uzerche, arrond. de Tulle (Corrèze), p. 73.

*Chastenet, mansus;* Châtenet, village de la commune de Saint-Vit, cant. de Saint-Germain-les-Belles-Filles, arrond. de Saint-Yrieix (Haute-Vienne), p. 55.

*Chervic ou Chervix* (*Vicaria de*). Voir *Carvicensis* (*Vicaria*).

*Clairacus, villa;* Cleyrat, village de la commune de Cornil, cant.-sud et arrondissement de Tulle (Corrèze), p. 53.

*Clementis* (*Parochia Sancti*). Voir *Sancti Clementis* (*Parochia*).

*Combralia*, pays de Combraille. Voir *Cambiovicenses*.

*Cornilio* (*Parochia de*), Cornil, c⁷ᵉ du canton-sud de Tulle (Corrèze), p. 53.

*Cosaticus* ou *de Cosatico*, *Quossaticus* ou *de Quossatico* (*Vicaria*); vicairie de Cousages, cⁿᵉ des canton et arrondissement de Brive (Corrèze), p. 81 et 54.

*Crozeta*; « la petite Creuse », affluent de la rivière de la Creuse, à laquelle elle se réunit non loin d'Aubepierre (Creuse), p. 35.

*Cursiacensis* (*Vicaria*); vicairie de Cursac, village de la commune de Saint-Vit, cant. de Saint-Germain-les-Belles-Filles, arrond. de Saint-Yrieix (Haute-Vienne), p. 55.

*Daraciacensis* (*Vicaria*), p. 117; vicairie de Darazac, cⁿᵉ du canton de Servières, arrond. de Tulle (Corrèze), p. 81.

*Dunensis* ou *Danezus* (*Pagus*), p. 39 et suiv.; le Dunois ou pays de Dun-le-Palleteau, chef-lieu de canton, arrondissement de Guéret (Creuse).

*Dunensis* (*Vicaria*), vicairie de Dun-le-Roi, en Berri; chef-lieu de canton, arrond. de Saint-Amand-Mont-Rond (Cher), p. 39.

*Danezus* ou *Danensis* (*Pagus*). Voir *Dunensis* (*Pagus*).

*Dunum* ou *Idunum*, *castrum*, en Limousin; Dun-le-Palleteau, chef-lieu de canton, arrond. de Guéret (Creuse), p. 39.

*Dunum*, *villa*, en Berri; Dun-le-Roi, chef-lieu de canton, arrond. de Saint-Amand-Mont-Rond (Cher), p. 39.

*Durcianis*, *locus*; Dursas, hameau des commune et canton du Lonzac, arrond. de Tulle (Corrèze), p. 54.

*Ermniaci*, *villa*; lieu inconnu situé dans la vicairie d'Espagnac, *Spaniacensis*, p. 57.

*Exandonensis* (*Pagus* ou *Fundus*), p. 80; (*Vicaria*), p. 81; pays et vicairie d'Yssandon. — Yssandon, commune du canton d'Ayen, arrond. de Brive (Corrèze).

*Exanduno* (*Parochia de*); Issoudun, cⁿᵉ du canton de Chénerailles, arrond. d'Aubusson (Creuse), p. 40.

*Faisco* ou *Faix* (*Vicaria de*), vicairie de Feix-Fayte, cⁿᵉ du canton d'Eygurande, arrond. d'Ussel (Corrèze), p. 81.

*Faurcensis seu Spaniacensis* (*Vicaria*); vicairie de Forgès ou d'Espagnac. — Forgès, cⁿᵉ du canton d'Argentat, arrond. de Tulle (Corrèze), p. 57 et 81. Voir *Spaniacensis* (*Vicaria*).

*Firciacesis* (*Vicaria*); vicairie de Fursac. — Saint-Pierre et Saint-Étienne de Fursac, cⁿᵉˢ du canton de Grand-Bourg-Salagnac, arrond. de Guéret (Creuse), p. 81.

*Flaviniacensis* (*Vicaria*); vicairie de Flavignac, cⁿᵉ du canton de Châlus, arrond. de Saint-Yrieix (Haute-Vienne), p. 55 et 81.

*Fortunatae* (*Parochia Sanctae*). Voir *Sanctae Fortunatae* (*Parochia*).

*Forgis* (*Terra de*); Les Forges, village de la cⁿᵉ de Moutier-Malcarre, canton de Bonnat, arrond. de Guéret (Creuse), p. 38 et 62.

*Garactensis* ou *Waractensis* (*Pagus*). Voir *Waractensis*.

*Grandismons*, *villa*; Grandmont, village de la commune de Badefol, cant. de Hautefort, arrond. de Périgueux (Dordogne), p. 48 et 63.

*Idunum* ou *Dunum*, *castrum*. Voir *Dunum* ou *Idunum*, *castrum*.

*Juconciacus* ou *Jocondiacus* (*Pagus*), pays de Juconciac ou de Jocondiac, aujourd'hui Le Palais. — Le Palais, cⁿᵉ des canton et arrondissement de Limoges (Haute-Vienne), p. 80.

*Juliacus* ou *de Juliaco* (*Vicaria*); vicairie de Juillac, chef-lieu de canton, arrond. de Brive (Corrèze), p. 81.

*Juliacus*, *villa*; lieu inconnu, dans la vicairie de Brive, *Brivensis* (*Vicaria*), p. 54.

*Juliani* (*Vicaria Sancti*). Voir *Sancti Juliani* (*Vicaria*).

*Lascuras* (*A*), *villa*; Écuras(?), hameau de la commune de Saint-Martin-Terre-Sus, canton et arrondissement de Saint-Léonard-de-Noblat (Haute-Vienne), p 44.

*Lemovicas*; Limoges, chef-lieu du diocèse de Limoges et du grand *Pagus Lemovicinus*, p. 69, note 1.

*Lemovicensis* (*Pagus*), le Limousin; (*Vicaria*); vicairie de Limoges (Haute-Vienne), p. 69 et 81.

*Lemovicina* (*Provincia*); le Limousin, p. 40.

*Lemovicinus, Limovicinus* (*Pagus*); le Limousin, p. 33, 43, 44, note 4, et *passim*.

*Liciacus* (*Parochia*); Lissac, c[er] du canton de Larche, arrond. de Brive (Corrèze), p. 55.

*Legora* ou *Ligora*. Voir *Leucorum* (*Pagus*).

*Leucorum* (*Pagus*), *Legora* ou *Ligora*; pays de Châlus et de Ligoure. — Châlus, chef-lieu de canton, arrond. de Saint-Yrieix (Haute-Vienne), p. 80.

*Lodorniac, villa*; dans la vicairie périgourdine d'Archignac (*Arcaniacensis*); Ladornac, c[er] du canton de Terrasson, arrond. de Sarlat (Dordogne), p. 77.

*Luperciacensis* (*Vicaria*), vicairie de Lubersac, chef-lieu de canton, arrond. de Brive (Corrèze), p. 81.

*Magnacensis* (*Pagus*); le Magnazeix ou pays de Magnac-Laval, chef-lieu de canton, arrond. de Bellac (Haute-Vienne), p. 80.

*Mandriniacus, mansus*; Meyrignac-l'Église, c[er] du canton de Corrèze, arrond. de Tulle (Corrèze), p. 53.

*Mansiacensis* ou *Mansiencis* (*Vicaria*), p. 43, 63 et 82. Vicairie de Meuzac, c[er] dans le canton de Saint-Germain-les-Belles-Filles, arrond. de Saint-Yrieix (Haute-Vienne).

*Mansiensis* ou *Mansiacensis* (*Vicaria*). Voir *Mansiacensis* ou *Mansiensis* (*Vicaria*).

*Mansus Bretonus, villa*; lieu inconnu dans la vicairie de Perpezac-le-Blanc, *Perpeciacus* (*Vicaria*), p. 48 et 64.

*Marchia* (*Crozeta in*); la Haute Marche, où coule la « petite Creuse », qui se jette dans la Creuse, près d'Aubepierre (Creuse), p. 35.

*Mazeirac, villa*; Mazières, village de la c[ne] de Saint-Saud (Dordogne), p. 45.

*Montana* (*Regio* ou *Pagus de la*); pays de la Montagne, dont la localité principale est Saint-Léger-la-Montagne, c[ne] du canton de Laurière, arrond. de Limoges (Haute-Vienne), p. 80.

*Montilii, villa*; Monteil (Le), village de la c[ne] de Saint-Mexant, cant.-nord de Tulle, ou Le Monteil, village de la c[ne] de Saint-Bonnet-le-Sudron, cant. de Vigeois, arrond. de Brive (Corrèze), p. 58.

*Nantiacensis* (*Vicaria*); vicairie de Nantiat, chef-lieu de canton dans l'arrondissement de Bellac (Haute-Vienne), p. 43 et 82.

*Nantoella, villa*; lieu inconnu dans la vicairie de Perpezac-le-Blanc, *Perpeciacus* (*Vicaria*), p. 48 et 64.

*Nantronensis, Nantronensis* ou *Nontronensis* ou de Nontron (*Pagus*), p. 80; (*Vicaria*), p. 45; (*Centena*), p. 45; Nontron, chef-lieu d'arrondissement (Dordogne).

*Navensis* (*Vicaria*); vicairie de Naves, c[ne] du canton-nord de Tulle (Corrèze), p. 56 et 82.

*Nigermontensis* (*Pagus*), p. 82; *Nigremont* (*Vicaria de*), p. 82; pays et vicairie de Saint-Georges-Nigremont, c[ne] du canton de Felletin, arrond. d'Aubusson (Creuse).

*Nigromonte* (*Vicaria de*). Voir *Nigermontensis* (*Pagus*).

*Nouliac* (*Ecclesia de*); Noailhac, c[ne] de Turenne, cant. de Meyssac, arrond. de Brive (Corrèze), p. 58.

*Nobiliacensis* (*Vicaria*); vicairie de Saint-Léonard-de-Noblat, chef-lieu d'arrondissement (Haute-Vienne), p. 44 et 82.

*Nobiliacus*, auparavant *Param*; Saint-Léonard-de-Noblat. Voir ci-dessus *Nobiliacensis*.

*Noelas* (*Ad illas*), *locus;* Nouelles (Les), village de la commune de Darnac, cant. du Dorat, arrond. de Bellac (Haute-Vienne), p. 57.

*Nontronensis* ou *Nantronensis* (*Vicaria*). Voir *Nantronensis* (*Pagus* et *Vicaria*).

*Noviacensis* ou *Novicensis* (*Vicaria*); vicairie de Neuvic, c<sup>ne</sup> du canton de Châteauneuf, arrondissement de Limoges (Haute-Vienne), p. 82.

*Padriacensis* ou *Pariacensis* (*Vicaria*); vicairie de Peyrat, c<sup>ne</sup> des canton et arrondissement de Bellac (Haute-Vienne), p. 82 et 56.

*Padriliacum* ou *de Padriliaco* (*Vicaria*); vicairie de Peyrilhac, c<sup>ne</sup> du canton de Nieul, arrond. de Limoges (Haute-Vienne), p. 82.

*Pavam*, plus tard *Nobiliacus*. Voir *Nobiliacus.*

*Perpeciacus* (*Vicaria*); vicairie de Perpezac-le-Blanc, c<sup>ne</sup> du canton d'Ayen, arrond. de Brive (Corrèze), p. 48 et 82.

*Peirucia*, *villa;* La Peirouse, village de la commune de Saint-Vit, cant. de Saint-Germain-les-Belles-Filles, arrond. de Saint-Yrieix (Haute-Vienne), p. 55.

*Perucia* (*Vicaria*); vicairie de Lapéruse ou mieux de La Péruse, c<sup>ne</sup> du canton de Chabanais, arrond. de Confolens (Charente), p. 50 et 82.

*Petragoricensis* (*Pagus*); Périgord, où est située la vicairie d'Archignac, p. 76. Voir *Arcaniacensis* (*Vicaria*).

*Petragoricensis* (*Dioccesis*); diocèse de Périgueux, où est située la *villa de Mazeirac* (Mazières?), dépendante de la vicairie limousine de Nontron, p. 45, note 5. Voir *Mazeirac.*

*Phillis*, *villa;* Fellis, village de la commune d'Eyburie, cant. d'Uzerche, arrond. de Tulle (Corrèze), p. 54 et 71.

*Plevers*, *villa;* Pluviers, village de la commune de la Meyze, canton de Nexon, arrond. de Saint-Yrieix (Haute-Vienne), p. 56 et 71.

*Podium* (*Ad*), *villa;* Le Puech, hameau de la commune de Cornil, canton-sud de Tulle (Corrèze), p. 54.

*Privati* (*Vicaria Sancti*). Voir *Sancti Privati* (*Vicaria*).

*Quintini* (*Sancti*), *parochia.* Voir *Sancti Quintini* (*Parochia*).

*Quossaticus* ou *Cosaticus* (*Vicaria*). Voir *Cosaticus* (*Vicaria*).

*Regegas* ou *Ugegas* ou *Usgegas.* Voir *Ugegas.*

*Rio Danino*, atelier monétaire mérovingien, Rieu-près-Dun dans les commune et canton de Dun-le-Palleteau, arrond. de Guéret (Creuse), p. 42, note 35.

*Rora Cerveria*, *locus;* La Roche, hameau dans la commune de Meuzac, cant. de Lubersac, arrond. de Brive (Corrèze), p. 43.

*Roëria* (*Curtis de*), postea *Roveria;* Royère, chef-lieu de canton, arrond. de Bourganeuf (Creuse), p. 35 et 61.

*Roëria*, village dans la commune de Bonnac, canton d'Ambazac, arrond. de Limoges (Haute-Vienne), p. 36 note.

*Rofiacense* (*Territorium*), p. 80; *Rofiacensis* (*Vicaria*), p. 78 et 82; pays et vicairie de Rouffiac, c<sup>ne</sup> du canton de Laroquebrou, arrond. d'Aurillac (Cantal).

*Roheria* ou *Roeria* (*Parochia de*); Royère-Saint-Léonard, c<sup>ne</sup> du cant. de Saint-Léonard, arrondissement de Limoges (Haute-Vienne), p. 36.

*Roheria* ou *Roëria* (*Parochia de*); Royère, c<sup>ne</sup> du canton de Nexon, arrond. de Limoges (Haute-Vienne), p. 36.

*Roi* (*Ad*), *villa*, lieu inconnu de la vicairie de Bar, *Barrensis* (*Vicaria*), p. 53.

*Roius* (*Mansi de*), lieu inconnu, situé dans la vicairie d'Uzerche, *Usercensis* (*Vicaria*), p. 59.

*Rosariensis* ou *Rosuriensis* (*Vicaria*), p. 82; vicairie de Rosiers, c<sup>ne</sup> du canton d'Égletons, arrond. de Tulle (Corrèze).

*Salamare*, *locus;* Salamare, village de la commune de Saint-Solve, cant. de Juillac, arrond. de Brive (Corrèze), p. 48 et 64.

chef-lieu de canton, arrond. de Tulle (Corrèze), p. 60.

*Trainiaco (Sanctus Martinus de)*, p. 51; Saint-Martin-de-Treignac, bourgade dans la commune de Treignac.

*Tutela, castrum*; Tulle, capitale du Bas-Limousin, siège d'évêché à partir de l'an 1317, chef-lieu du département de la Corrèze (p. 58 *quater*).

*Ugegas* ou *Usgegas* ou *Regegas*; lieu inconnu, situé dans la vicairie de Naves, *Navensi (Vicaria)*, p. 56.

*Usercensis (Pagus)*, p. 58; (*Vicaria*), p. 80 et 82; pays et vicairie d'Uzerche, chef-lieu de canton dans l'arrondissement de Tulle (Corrèze).

*Vallarensis* ou *Vallariensis (Pagus)*, p. 80; (*Vicaria*), p. 82; pays et vicairie de Vallières, cⁿᵉ du canton de Felletin, arrond. d'Aubusson (Creuse).

*Vallis, villa*; Laval-Boal, hameau de la commune d'Eyreu, ou Laval-Soubro, cⁿᵉ de Sarran, ou bien Enval, cⁿᵉ de Corrèze; tous trois dans le canton de Corrèze, arrond. de Tulle (Corrèze), p. 52.

*Vernia (Ad illa), villa*; La Vergne, village dans les commune et canton de Nantiat, arrond. de Bellac (Haute-Vienne), p. 44.

*Vernogilus, villa*; Vernéjoux, village de la commune de Condat, cant. d'Uzerche, arrond. de Tulle (Corrèze), p. 58.

*Vertedensis (Vicaria)*, p. 82; (*Centena*), ibid.; vicairie et centaine de Le Vert, village à l'est d'Argentat, sur la rive gauche de la Glane.

*Vertiliacus, locus*; lieu inconnu dans la centaine de Vignols. Voir ci-dessous *Vinogilum*.

*Vigenna, fluvius*; la Vienne, rivière, p. 68, note 1.

*Vinogilum* ou *Vinogilium (Centena)*; centaine de Vignols, cⁿᵉ du canton de Juillac, arrond. de Brive (Corrèze), p. 83.

*Waractensis* ou *Garactensis (Pagus)*; le Guérétois ou pays de Guéret, chef-lieu du département de la Creuse, p. 80.

# TABLE ANALYTIQUE DES MATIÈRES.



# APPENDICE.